图书在版编目（CIP）数据

亲子滋养：让孩子活出最好的样子 / 陈禹安著. --
北京：民主与建设出版社，2019.7
ISBN 978-7-5139-2555-6

Ⅰ.①亲… Ⅱ.①陈… Ⅲ.①儿童教育—家庭教育
Ⅳ.①G782

中国版本图书馆CIP数据核字(2019)第142866号

亲子滋养：让孩子活出最好的样子
QINGZIZIYANG:RANGHAIZIHUOCHUZUIHAODEYANGZI

出 版 人	李声笑	
著　　者	陈禹安	
责任编辑	程　旭	
封面设计	仙境设计	
出版发行	民主与建设出版社有限责任公司	
电　　话	（010）59417747　59419778	
社　　址	北京市海淀区西三环中路10号望海楼E座7层	
邮　　编	100142	
印　　刷	固安县保利达印务有限公司	
版　　次	2019年9月第1版	
印　　次	2019年9月第1次印刷	
开　　本	710毫米×960毫米　1/16	
印　　张	15.5	
字　　数	134千字	
书　　号	ISBN 978-7-5139-2555-6	
定　　价	49.80元	

注：如有印、装质量问题，请与出版社联系。

这本书源于一个孩子的提问。

五六年前，我的女儿十一二岁。有一天，我开车送她去上学，一路上我像往常一样大讲特讲，恨不得把自己所有的知识、思想、人生经验倾囊传授给她。没想到，孩子打断了我，一本正经地说："爸爸，我想和你谈一个很严肃的问题。"

孩子说："爸爸，我知道你很厉害，飞来飞去，到处讲课，给这个人当老师，给那个人当老师。但是在我面前，你只要把爸爸做好就够了！"

"你只要把爸爸做好就够了！"这句话直接震撼到了我！

我的第一反应是：作为一个爸爸，难道我做得还不够好吗？

一直以来，我都是非常自信地以好爸爸的形象自居的，但为什么孩子还会这么说呢？实际上孩子讨厌我明明是爸爸，却总是在她面前扮演老师的角色。

这句话一直在我的脑海中盘旋。我突然想到，"我是一个好爸爸"完全是我自己的判断，却不是孩子的感受。我一厢情愿地认为，当老师是当爸爸的一部分，爸爸有责任有义务教给孩子各种知识和人生经验。这明明对孩子有好处，为什么孩子会反感呢？

再继续往下思考，发现孩子的话实际上提出了一个直指人心的新问题：怎样才算是一个好爸爸呢？

我们这些家长，怀着对孩子无比真切的爱，却自以为是地把我们的意志强加给孩子，极少顾及孩子作为一个独立个体的感受。即便孩子明确地表达抗拒，我们用一句"我是为你好"就继续肆无忌惮地侵入孩子的心理边界。

我们在家长的身份中掺杂了太多其他成分，我们是老师，是教练，是导演，有时候甚至还是狱警，但唯独忘记了自己真正的本职应该是家长。

在任何一对关系中，身份都是相对的。当我们是老师，孩子就成了学生；当我们是教练，孩子就成了运动员；当我们是导演，孩子就成了演员；当我们是狱警，孩子就成了囚犯。

最关键的是，当我们不再是家长，孩子也就不再是孩子了。我们耗尽心血，"扮演"了这么多角色，结果却把孩子弄"丢"了，也把亲子关系弄"丢"了！

这岂不是正好走到我们养育孩子初衷的反面了吗？

亲子关系是一切人际关系的萌芽与原型，是绝对不能掉以轻心的。带着这份自省和紧迫感，我开始寻找答案。

这几年来，我利用自己在心理学上的积累，广泛从人格心理学、发展心理学、社会心理学、进化心理学以及全球范围内亲子养育领域和心理疗愈领域的顶尖专家的著述中汲取精华，并结合现实生活中的养育实践，比对测试、提炼总结、加以融合，逐渐形成了"滋养"这个原创性的亲子养育核心理念，并发展出了一套可以落地实施的方法论。

"滋养"理论从人的基本感受和亲子关系的本质出发，科学区分了成人与孩子的判断标准，提出了以"孩子的感受重要，父母的感受也重要"为内涵的滋养型父母的定义，并强调"弱势优先"原则，以消解父母先天性强势的负面影响。同时将滋养型父母的具体功能细分为五大角色——安全基地、情绪容器、天然权威、超级玩伴、冲突陪练，并给出了不同角色之间调和与救济的具体方法。

"滋养"理论还从心理底层剖析了不当养育方式导致的"病态适应"对家长及其孩子的负面影响，并揭示了几种常见却不易觉察的养育谬论，以警醒无知无觉的家长们。

目前，"滋养理论"已经成为"国家家庭教育指导师（高级）认证研修班"的核心课程，同时也在全国各地的亲子教育培训班、各学校的家长课堂、各种线上课堂广泛开讲。课堂上热烈互动激发出来的精华内容也被吸收，有机整合到了这本书中。

"滋养"已不仅仅是养育理论，也正在成为越来越多的中国家长的养育实践。

当年那个说出"你只要把爸爸做好就够了"的小女孩，是"滋养"理论的共创者和直接受益者。本书中的很多原则与方法，正是从与她长期的深度互动以及建设性冲突中总结提炼出来的。这个因为在婴幼儿时期多次与父母分离而导致安全感严重不足的小女孩，在 15 岁的时候已经可以一个人远渡重洋，去国外留学，如今即将年满 18 岁。

在她的身上，发生了很多故事。她曾经昼夜奋战，用 2 个多月的时间从托福 31 分考到 90 分，顺利拿到了美国 4 所高中的录取通知书；她曾经因为护照问题一个人滞留在了意大利罗马机场，不能飞回美国学校，然后独自想办法经荷兰阿姆斯特丹转机飞回上海处理；她特别讨厌烟味，却曾经因为包里出现了一盒香烟和一瓶 zippo 打火机燃油而被父母严重误解……

她现在正打算同时用中英文记录自己的成长经历。也许在不久的将来，你就能读到她笔下的故事。

在"滋养"的滋养下,她已经成为一个独立、自信、快乐,适应能力很强的阳光女孩。当然,她并不是一个完美小孩,她也有很多青春期孩子的烦恼,她还有漫长的路要走,还要接受更多的生活挑战。但不管她遇到什么困难,做错什么事情,我知道她会去反思自我,会去想方设法应对,这就足够了。我和孩子的妈妈不会要求她成为一个完美的孩子,只希望她能够活出内心丰盈的自己,做一个正常的孩子。

我们之间,隔了整整一个太平洋,却丝毫没有分离的感觉。正如我在书中所写的:真正的父(母)爱,绝不是什么得体的退出,而是自始至终得体的存在。我们相互尊重各自的感受,接纳各自的不完美,致力于各自的成长,并享受着这种一辈子也不会厌倦的平安喜悦的亲子状态。

滋养必然是相互的。在"滋养"的滋养下,作为一个父亲,我自己也获得了远超预期的成长,这本书可以说就是我的一个小小的成长果实。

回想起来,我特别感谢孩子当年的那句"你只要把爸爸做好就够了"。

如果没有这句棒喝一般的童言无忌,我很可能不会去反思自己的养育理念,很可能在自以为正确中一错再错。如果没有这句话的唤醒,我很可能不会去想怎样才能做好一个爸爸,当然也就不可能有这本书了。

所以,我要把这本书献给我的女儿陈泓希,作为她的 18 岁成人礼。

最后,我想说,我珍爱自己写的每一部作品,但作为一个父亲,我最好的作品永远是我亲爱的孩子。

2018 年 12 月 12 日于别馆 13B

重要说明

1. 本书引用了全球范围内亲子养育领域顶尖专家的部分观点，但不代表本书同意这些专家的所有观点，因为任何一位专家都无法做到完全正确。请读者善加辨析。

2. 本书为行文方便，一般采用"他"来指代第三人称的"他"和"她"，以避免"他（她）"这种太过累赘的表述方式。

3. 文中标注的［1］［2］［3］……是引用的参考文献，放在了每章的后面。

C 目 录
ontents

第一章

你的孩子真的存在吗——亲子关系的本质

父母之难与惑 ································· 006

对亲子关系的反思 ····························· 010

亲子关系的复杂性 ····························· 016

亲子关系的本质 ····························· 018

人的第一反应定律 ····························· 024

成人与孩子的判断标准 ··························· 029

感受的存储与提取 ····························· 043

滋养理论的构建 ····························· 048

参考文献 ································· 053

第二章

你是什么样的父母——父母的四种类型

控制型父母 ································· 058

放任型父母 ································· 069

冷漠型父母 ································· 075

滋养型父母 ································· 082

四种类型父母的程度差异 ························· 086

参考文献 ································· 088

第三章

为什么最爱你的人伤你最深——不当养育对孩子的负面影响

控制型父母的负面影响 ⋯⋯⋯⋯⋯⋯⋯⋯⋯⋯⋯ 093

放任型父母的负面影响 ⋯⋯⋯⋯⋯⋯⋯⋯⋯⋯⋯ 095

冷漠型父母的负面影响 ⋯⋯⋯⋯⋯⋯⋯⋯⋯⋯⋯ 097

不当养育的伤害 ⋯⋯⋯⋯⋯⋯⋯⋯⋯⋯⋯⋯⋯⋯ 098

不易觉察的养育谬论 ⋯⋯⋯⋯⋯⋯⋯⋯⋯⋯⋯⋯ 102

　　父母正常论 ⋯⋯⋯⋯⋯⋯⋯⋯⋯⋯⋯⋯⋯⋯ 103

　　父亲优势论 ⋯⋯⋯⋯⋯⋯⋯⋯⋯⋯⋯⋯⋯⋯ 107

　　努力迷信论 ⋯⋯⋯⋯⋯⋯⋯⋯⋯⋯⋯⋯⋯⋯ 112

　　血浓于水论 ⋯⋯⋯⋯⋯⋯⋯⋯⋯⋯⋯⋯⋯⋯ 115

　　参考文献 ⋯⋯⋯⋯⋯⋯⋯⋯⋯⋯⋯⋯⋯⋯⋯ 119

第四章

为什么我们不能成为更好的父母——病态适应的束缚与摆脱

病态适应 ⋯⋯⋯⋯⋯⋯⋯⋯⋯⋯⋯⋯⋯⋯⋯⋯⋯ 123

病态适应的三种状况 ⋯⋯⋯⋯⋯⋯⋯⋯⋯⋯⋯⋯ 125

病态舒适 ⋯⋯⋯⋯⋯⋯⋯⋯⋯⋯⋯⋯⋯⋯⋯⋯⋯ 130

亲子关系和亲亲子关系 ⋯⋯⋯⋯⋯⋯⋯⋯⋯⋯⋯ 131

几个典型的案例 ⋯⋯⋯⋯⋯⋯⋯⋯⋯⋯⋯⋯⋯⋯ 135

病态舒适的消除 ⋯⋯⋯⋯⋯⋯⋯⋯⋯⋯⋯⋯⋯⋯ 139

直觉有害 ⋯⋯⋯⋯⋯⋯⋯⋯⋯⋯⋯⋯⋯⋯⋯⋯⋯ 143

理性无效 ……………………………………… 148

负面敏感 ……………………………………… 154

免疫弹性 ……………………………………… 158

参考文献 ……………………………………… 162

第五章

如何构建滋养型亲子关系——养育模式的切换

需求区隔 ……………………………………… 167

节奏校准 ……………………………………… 171

弱势优先 ……………………………………… 175

滋养型父母的养育目标 ……………………… 177

"三心二意"的父母 …………………………… 179

构建滋养型亲子关系 ………………………… 187

滋养和教养的本质区别 ……………………… 191

滋养型父母的五种角色 ……………………… 194

　　安全基地 ………………………………… 196

　　情绪容器 ………………………………… 203

　　天然权威 ………………………………… 208

　　超级玩伴 ………………………………… 212

　　冲突陪练 ………………………………… 219

五种角色的调和与救济 ……………………… 224

参考文献 ……………………………………… 227

后记：完美孩子 or 正常孩子 ……………… 231

第一章

你的孩子真的存在吗——

亲子关系的本质

也许你早就身为父母，也许你刚刚当了父母，也许你即将成为父母，那么，你有没有认真想过这样一个问题：

你为什么要生孩子？

在人的一生中，要做无数个决定，但如果要评选一个最轻率的决定，很可能是非"生孩子"莫属了。

在生孩子之前，你根本想不到要在这个小东西身上花那么多年的时间，你根本没想到要为他花那么多的钱，你根本没想到他会给你带来那么多的烦恼，随时可能把你气得半死。更可怕的是，你似乎根本没办法左右他的思想与行为，让他长成你想要的模样！

如果从投资的视角来看，生养孩子就是一项投资巨大、风险巨大、周期极长、回报极不确定的投资。但是，你和你的伴侣没有多想，就近乎本能地踏上了这一个没有回头路的进程。

你当然很爱自己的孩子，要为他的成功与幸福承担无限责任。但是你却不知道一个残酷的现实：

孩子未来的成功与幸福，和你花在他身上的时间与金钱的多少并不直接相关。仅仅为孩子提供物质上的富养，并不能消除孩子的匮乏心态；即便你

给予了孩子大量的陪伴，如果相处的方式不正确，在一起的时间越长，伤害反而越大。

真正能够让孩子既成功又幸福的最重要因素就是你对他的养育方式。

但是，你从来没有学习过什么才是正确的养育方式，你关于养育的一切经验基本上都来自你的父母是如何对待你的。可是，你的父母懂得什么是正确的养育方式吗？

你可以扪心自问一下，你是不是由衷地感到自己既成功又幸福，对当下的生活状态非常满意，并且对未来有一个非常乐观的预期呢？

如果你的回答稍有犹疑，就足以说明你很可能并未得到最适宜的养育。但这并不是唆使你归咎于你的父母。要知道，你的父母也不知道如何正确地养育孩子，因为你的父母的父母也同样缺乏关于正确养育的理念与技能。

你最应该问自己的问题是：我要怎样做才能构建正确的养育方式，打破不正确养育方式的代代相传？

如果你投入几十万元在一个商业项目上，你一定会去了解相关的背景与信息，学习相关的技能与方法。但是，当你要在孩子身上投入数以百万计的钱和长达几十年的时间时，你为什么不好好学习养育孩子的方法与技能就敢于生养孩子呢？

况且，养育孩子的意义与价值，远远超过了投资做生意。这件事虽然如此重要，但很多父母却丝毫没有注意到这一点。

现代心理学的研究早已表明，亲子关系中的种种问题，基本上都源自不正确的养育方式。那么，现代家庭中的亲子关系到底存在着什么问题呢？

亲子关系的根本问题就在于：

很多时候，孩子是不存在的。

曾经有一个十来岁的孩子在和父母怄气时愤怒地说："你们把我生下来，有没有征求我的同意？！"

理智而成熟的父母们乍一听到这句话，难免会笑出声来。孩子的这句话明显不符合科学逻辑嘛。在孩子生下来之前，无知无识，不会说话，怎么可能去征求他的同意呢？

但真正的问题并不在孩子出生之前，而是在孩子出生之后，他依然是不存在的。

这句话的真正意思是：就一个独立的个体而言，孩子是不存在的。

有的父母看到这里，可能就气炸了！心想，我天天围着孩子转，衣食住行加学习，样样操心，简直都没有自己的时间和空间了，你竟然说我的孩子是不存在的！那我天天是在为谁辛苦为谁忙？！

这些父母的激烈反应恰好揭示了一种隐藏很深、误解很深的对于亲子关系的不当认知。父母对孩子的过分关注，把自己的感受强加给孩子，无形中就残忍剥夺了孩子的存在感和感受能力。

以研究母婴关系闻名于世的发展心理学家、精神分析师西尔维娅·布洛迪（Sylvia Brody）在回忆自己职业生涯的原初动力时说："10岁那年的某一天，我正在随意翻看一本女性杂志，偶然发现一篇题为《孩子是人》（*Children Are People*）的文章，我大吃一惊，在外面那个大世界中竟然也有人意识到了这一点！"[1]

当我看到布洛迪的这句话的时候，我才是大吃一惊！

布洛迪10岁那年是1924年。显然在美国的那个年代，大人们很少将孩子当作一个独立的个体，否则布洛迪看到那篇文章的时候就不会那么惊讶，这个经历也不会重要而醒目到在她接近百岁之际浮现在她的回忆之中。

这么多年过去了，孩子是不是已经存在了？有多少父母已经开始将孩子视为一个独立的人？

从当前亲子关系的普遍状况来看，事实并不容乐观。如果父母们不再自欺欺人的话，他们应该对自己家庭中的亲子关系状况心中有数。

要辨析亲子关系是否正常，孩子是否存在，倒也不难。如果身为父母的你的全情付出，带来的是孩子的快乐成长，自己的满心欢愉，那么你的付出就是正确的、健康的。反之，亲子双方中只要有一方感觉不爽，亲子关系就可能是存在问题的，你所谓的爱就可能是有毒的、掺有杂质的。这样的爱付出越多，对亲子关系的毒害越大。

存在是以个体的感受为载体的。

当一个人感觉不好受的时候，就是他的存在感遭到了侵犯，甚至是剥夺，也就是处于消失状态了。一个孩子，只有他的感受被充分顾及和充分尊重的时候，才是存在的。

美国西安大略大学的心理学教授保罗·弗勒旺（Paul Frewen）通过大脑扫描，从生理上验证了，人们越是不能感受到他们的感受，他们的大脑中负责自我意识的区域的活动就越少。[2]

当你的感受被无视、被忽略的时候，你就是被剥夺了存在感。

这个结论适用于所有人，包括大人和孩子。

现在，你还敢说你的孩子是存在的吗？

父母之难与惑

为人父母，困难重重，困惑重重。

难在哪里？惑在何处？

我们先来看一段话：

"现在的年轻人太没有教养了！他们嘲笑权威，对长辈毫不尊重，看到老人走进屋子也不起身，和父母顶嘴，不好好工作，就知道聊天——他们简直糟透了！"

很多为人父母者看到这段话，是不是深有同感？

也许你的孩子还没有长到那么大，但是不是也已经初露雏形，让你足以想象到未来会让你揪心的情形了？

不过，如果你知道这句话是谁说的，可能就顾不上感慨了，因为你的下巴可能会被惊掉！

说这句话的人非常有名，全世界有点文化的人几乎没有不知道他的。他就是古希腊最负盛名的思想家苏格拉底。

要知道苏格拉底生于公元前469年，死于公元前399年，他的这段话可是在2000多年前说的！

苏格拉底还说过类似的话："现在的孩子们都是暴君。他们忤逆他们的父母，吞噬他们的食物，欺凌他们的老师。"

难道说，几千年来，孩子从来就没有让父母省心过？

但奇怪的是，如果从苏格拉底开始，孩子们就已经"糟透了"，世界为什么并没有毁灭呢？一代又一代的人，都处在被上一代人诟病为"简直糟透了"，然后又诟病下一代人"简直糟透了"的世代循环之中，而事实上这个世界尽管看起来不那么好，但也没有那么坏。

从结果倒推来看，是不是孩子们并没有苏格拉底说得那么糟呢？

苏格拉底以成年人（家长）的单向视角来评论孩子，那年轻人（孩子）

又是怎样看待他们自己的呢？又是怎样看待父母的呢？被冠以"糟透了"恶评的他们，会不会因为成年人的这个恶评而感觉糟透了呢？

其实，孩子们绝大多数被大人们视为"糟透了"的言行举止，是在为自己争取存在感。

这一点，就连睿智如苏格拉底者都没有看透。

在苏格拉底的时代以及此后的漫长岁月里，都是家长们的黄金时代。他们完全可以通过强力压制来维护自己的威严，剥夺孩子的自由，迫使他们守规矩。但是今天的孩子根本就不吃这一套了。

他们更叛逆，动辄与家长激烈对抗，甚或离家出走；

他们更脆弱，禁不起打击，轻易就会选择放弃生命；

他们更自私，眼里只有自己，从来不肯委屈自己；

他们更独立，希望一切自己做主，拒绝家长干涉；

……

近 100 年来，随着现代心理学的不断探索，人类对于自身的心理认知日趋严密准确，越来越多的西方发达国家的父母们认识到，那种依靠家长权威强制孩子唯命是从的传统养育方式已经行不通了，各种流派的养育新理念随之大量涌现。

进入 21 世纪之后，西学东渐，中国的年轻父母们也开始了解到这些和传统方式完全不一样的养育理念。

但是，传统方式依然顽固，新兴理念则难免良莠不齐，年轻的父母们仿佛处于拉锯战之中，时而选择复古，时而选择维新，心里纠结万分。更为甚者，家长们缺乏基本的素养与足够的经验来辨识新方法的优劣，在无所适从中，要么只能凭感觉撞大运，拿自己的孩子做试验，要么是兜兜转转后又回到那条已被诟病良久的老路上。

可是，养育孩子是一条不可逆的单向道，哪一家的父母承受得起试错的代价以及最终失败的结果？

从实际情况来看，很多父母已经知道了，要尊重孩子，要给孩子自由，要更多陪伴孩子的成长，其所作所为，虽然还有诸多不足，但比之他们的父母已经进步太多，让步太多，而孩子们似乎还是不领情。他们毫不客气，得寸进尺，不断提出各种各样的要求，从来不惮于表达对父母的不满与愤怒。

总之一句话，现在的孩子们越来越擅长为自己争取存在感，哪怕以伤害父母的权威为代价，也在所不惜。

家长们既要勉力应对成人世界的激烈社会竞争，又要耗费大量的心力、财力用于养育精力旺盛、不受约束的孩子，他们身心疲惫，满心委屈，却苦于缺乏良策。

当下大多亲子关系的现状仿佛是"盲人骑瞎马，相爱又相杀，病急乱投医"。

家长们最后只能靠一句"是我亲生的"，硬生生忍下这份无言的痛楚，但对父母们深感不满的孩子们却越来越怀疑"我是亲生的吗"。

这样的情形让整个社会都陷入了焦虑。

但事实上，那些发生了激烈冲突的亲子关系还不是最坏的，另一类看似风平浪静的亲子关系其实更可怕。

在这些家庭中，亲子之间虽然不吵架，但关系淡漠，父母不知道孩子到底在想什么，孩子也根本不关心父母在想什么。这就像沉默的火山，不爆发的时候，岁月似乎静好，一旦爆发了，世界完全毁灭。

可以说，亲子关系从来没有像今天这样复杂过，也从来没有像今天这样紧张过。

为什么会这样？

我们应该怎么办？

我们能不能构建一种让亲子双方都满意、充满建设性的亲子关系？

对亲子关系的反思

我们到底是怎样看待亲子关系的呢？

当我们说到"亲子关系"这个词语的时候，其实隐含了一个基本立场，就是从"亲"（父母亲）的角度，而不是从"子"（孩子）的角度来看待亲子关系的。

说得更直白一些，我们虽然确实很疼爱我们的孩子，但其实并没有把孩子当作人，一个独立的人。

回到本书最开始的那个问题：

我们为什么要生孩子？

大多数人在生孩子之前好像都不会考虑这个问题，成为父母之后，就更不会问自己这个问题了。

我在"国家家庭教育指导师（高级）认证研修班"上就这个问题做过多次调查，受众有全国各地的家长、各种培训学校的校长、中小学老师、幼儿园老师，等等，分布比较广泛，以女性为主。

回答五花八门，选择一些有代表性的罗列如下：

（1）没想过（这个问题）就生了；

（2）女人不生孩子是不完整的；

（3）我觉得不生孩子，不但是女人的不完整，也是家庭的不完整；

（4）女人当了妈妈之后才会真正成熟起来；

（5）我特别喜欢孩子，所以要生孩子；

（6）婚姻需要一个孩子，这是爱的延续，也是婚姻稳定的基础；

（7）我在教育机构工作，看到很多优秀的家长却培养出了有问题的孩子，我想做个试验，自己生一个孩子，认真培养会是什么样的结果；

（8）做妈妈是人生最重要的一件事；

（9）因为一个女人爱一个男人，所以想和他生一个孩子；

（10）该结婚的时候就结婚，该生孩子的时候就生孩子，我们要完成我们应该做的事情；

（11）我很好奇，就想看看自己到底能生出一个什么样的孩子；

（12）孩子是我生命的延续，如果有一天我不在这个世界上了，我的孩子还会继续存在；

（13）我生第一个孩子是婆婆让我生的；

（14）我怕我老的时候会很孤单；

（15）家里人和朋友们都觉得我该要一个孩子了；

（16）我和我爱人都很优秀，这么好的基因不传下去，太可惜了；

（17）老人很希望看到第三代；

（18）我有个朋友生了二胎，就是为了对付小三的；

（19）我年龄大了，再不生就过期了；

（20）我生二胎，是为了给老大做个伴。

这些形形色色的回答，我们仔细分析一下，有多少是从孩子的角度出发的呢？

几乎没有，都是从自己、家人或者社会的需求出发的。

中国人是这样，外国人又是什么样的呢？

美国加州大学伯克利分校的发展心理学博士简·布鲁克斯（Jane Brooks）也针对这个问题做过调查，我们可以对比参照一下。[3]

她发现，人们生儿育女的原因主要有七条：

（1）去亲近孩子，关爱孩子；

（2）感受孩子成长带来的喜悦；

（3）获得自我成长，更加善解人意、乐于助人；

（4）满足社会期待，成熟有责任感；

（5）享受帮助孩子成长时的成就感，肯定自我创造能力；

（6）满足道德和宗教的需求；

（7）养儿防老。

仔细看看，这七条中有几条是基于孩子自身的需求的？

除了第一条多少有点沾边外，其余六条都是为了满足父母自身或者社会的、文化的需求的。

简·布鲁克斯还调查了夫妻不生孩子的原因，主要有三条：

（1）孩子会给自己带来约束（失去自由，没有时间从事其他活动，增加工作量）；

（2）对亲子关系持消极态度（时刻担心孩子的健康状况，孩子难以管教，害怕孩子让自己失望或者自己对自己失望）；

（3）担心难以为孩子提供足够的关怀。

这三条主要原因中，也只有最后一条还算和孩子的需求有所关联，其他都是在为自己考虑。

哥伦比亚大学临床心理学博士沙法丽·萨巴瑞（Shefali Tsabary）也做过一个类似的调查。[4]

她得到的回答包括："我想体验这个过程。""我爱孩子。""我想做母亲。""我想要一个家庭。""我想向所有人证明，我能做个好母亲。"

综合上述三个调查，虽然中西方的表述方式不一样，而且有着不同的文化背景，但可以归纳出的一个共同点就是：无论生还是不生孩子，大人们主要是从自己的需求及感受出发的。

现在再来看前面那个孩子说的"你们把我生下来，有没有征求我的同意"这句话，是不是就不会感到那么好笑了？

萨巴瑞后来评论道，每一个回答中都弥漫着自负感，毫无疑问这是许多父母的心态。为人父母的旅程是从高度自恋的状态开始的，其中包含着我们倾注在儿女身上的巨大能量。结果，我们会不经意地利用孩子来填补自身的某些需要。在抚养孩子的过程中，我们会把自己想象成充满爱心、牺牲自我、辛勤哺育的家长。我们会利用孩子医治自己过去的创伤，让他们在家庭中扮演不属于他们的角色；我们会利用孩子找到自己的价值，并扩大一种错觉：我们对世界的影响似乎也大大增加了。

但是，我们却唯独没有认真考虑过这样一个事实：孩子也是一个独立的个体。是的，很少有父母不把孩子当作是自我的延伸，把孩子看作是自己的一部分。

但是，亲子关系实际上是一种特殊的人际关系。

所谓人际关系，至少需要有两个人，才能够构建关系。但事实上，大多数父母根本不会从人际关系的角度来理解亲子关系。

父母们在生儿育女之前几乎不会把那个不知模样的孩子当作一个独立的人，在孩子降生之后，父母仍然很难把孩子当作一个独立的人。

一方面，刚出生的孩子在生理上太弱小了，没有父母的照顾，是没法独立存活的。但更重要的是另一方面，父母在心理上也把孩子当成了自我的一部分。

对很多父母而言，"亲子关系"这四个字实在是有点浪费。

首先，"关系"两个字是可以去掉的。孩子就是父母自我的一部分，那还谈什么关系呢？退一步，就算要谈关系，也不是人际关系，而是自我关系，是父母的"大我"和"小我"之间的关系，是"旧我"和"新我"之间的关系。

其次，"子"也是可以去掉的。正如前述，作为一个独立的个体，孩子是不存在的。

所以，在亲子关系中，非常普遍的现象就是唯"亲"独尊，以"亲"的感受为感受，以"亲"的标准为标准。

目中无"子"的"亲"们，在为自己的亲子关系烦恼与痛苦的时候，有没有想过，为什么我们能够经营好其他的人际关系呢？

当我们想赢得上司的认可、朋友的友谊、异性的欢心，我们会怎么做？

我们一般都会放低自己的姿态，至少是拿出平等的姿态，认同对方是一个独立的个体，甚或是相对强大的一方，让对方感到拥有一定的自主权或者是主导权。

相反，如果你完全以自我为中心，不顾他人感受，摆出盛气凌人、颐指气使的姿态，有可能经营好这些人际关系吗？

显然不能。

当我们以平等或相对弱势的面目出现，关注对方的需求，尊重对方的感受，愿意为对方付出我们的时间、热情和资源，当然是可以和对方搞好关系的。

但是，当我们以父母的身份来面对亲子关系的时候，为什么就做不到这样呢？

孩子刚出生的时候，弱不禁风，惹人爱怜。我们理所当然地认为，父母是强大的一方。在很长的一段时间里，孩子身形弱小、知识匮乏、视野不广、经验不丰，当然是由父母说了算，控制权只能掌握在父母手中。

这种完全以自我为中心的养育模式，虽然顶着关爱孩子的光环，却忽略了对孩子来说最重要的自我意识的萌发与壮大，久而久之就会伤害孩子的良性成长，最终必然会以反作用力的方式来制造亲子冲突。

另外一个原因则是，我们重视其他的人际关系远远胜过亲子关系。

这句话可能又会激起一大片反对意见。但是且慢，等你看完下一段再发表意见。

请问，亲子关系是怎样形成的？其他的人际关系又是怎样形成的？

亲子关系可能是所有人际关系中最不需要花费心力去主动构建的。好像只要生下了一个孩子，亲子关系自动就出现了，得来全不费功夫，而且，亲子关系一旦形成，几乎不可能被剥夺。做得好，你是"亲"，做得不好，你还是"亲"。对于这种自然而然形成的关系，我们身在其中，往往会无知无觉地跟着本能或习惯的小舟，随波逐流。

正如前述，大多数人甚至根本不觉得亲子关系也是一种人际关系。他们只看到了"亲子"，没有看到"关系"，以为只要叫孩子一声"宝贝"，孩子回一声"爸爸"或"妈妈"，然后拥抱一下，就是"亲子关系"了。所谓的"际"，就是"边界"，父母经常肆无忌惮地侵入孩子的边界，不就意味着孩子始终没有自己的独立边界吗？

你会不敲门就闯进同事的办公室吗？当然不会。那为什么你会不假思索地就对孩子这样做呢？

其他的人际关系都是需要你付出巨大的心力和资源才有可能构建成功的。来之不易，必然倍加珍惜。而与之相比，亲子关系来得可真是太容易了！

亲爱的家长们，我们确实可能对亲子关系掉以轻心了。当其他的人际关系和亲子关系出现资源竞争（包括父母的时间以及其他物质资源）时，我们很可能以牺牲亲子关系的优先等级为代价，来维护其他的人际关系。

对亲子关系的掉以轻心，必然会以牺牲亲子关系的良性发展为代价。这种伤害，在刚开始的时候也许不易觉察，但要是到了为人父母者被裹挟其中，进退失据，深受其苦，难以自拔后，积重难调，后悔可就晚了。

亲子关系的复杂性

亲子关系实际上是所有人际关系中最复杂的一种关系。

这种复杂性至少体现在以下三个方面：

第一，约束性。

亲子关系是一种无固定期限的终身契约，一经建立，永远无法解除。即便有的人在深深失望后，通过法律途径，声明断绝父子关系（母子关系），但这最多只是经济利益上的断绝关系，由爱而生的恨还是会在余生中将亲子间的情感紧密地联系在一起。

这一点和其他的人际关系有着根本的不同。

其他的人际关系，无论是配偶、朋友、同事、上下级，如果志趣不合，深感厌倦，都是有退路的，可以一走了之，从此不再发生联系。唯有亲子关系，哪怕再痛苦不堪，都难以割舍。父母永远无法开除自己的孩子，孩子也永远无法开除自己的父母。

在这样强大的约束性下，你别无选择。亲子关系再不堪，你也只能停留在这样的关系中。

第二，阶段性。

在亲子共存的时光中，"亲"和"子"的生命阶段都处在不断地变化中。

"子"从呱呱落地的小婴儿，慢慢长大，学会了走路和说话，渐渐有了自我意识，后来又进入了青春期，慢慢变为成年人。而在同一段时间旅程中，"亲"从青年期，逐渐步入中年期，然后是老年期。

在每一个对应的阶段里，双方都不是静止不变的。在每一个阶段，双方都需要不断调适，与时俱进，努力学习相处之道。

而且，孩子的成长与发展有着明显的窗口期。如果因为父母的无知而错过了最佳窗口期，孩子可能用一辈子的努力也无法弥补。

第三，系统性。

亲子关系其实不仅仅是亲子关系。"子"的两位"亲"来自不同的家庭，"亲"的"亲"直接影响了他们，然后间接影响到第三代的"子"。如果爷爷奶奶、外公外婆直接加入孙子孙女的抚养过程，那么就不是间接影响，而是直接影响了。

实际上，"亲子关系"更应该称为"亲亲子关系"。也就是说，"亲亲子关系"既包括"亲亲关系"，也包括"亲子关系"。

一般而言，"亲亲子关系"至少涉及祖孙三代。"亲亲关系"既是指"父亲""母亲"之间的关系，也是指爷爷和奶奶之间、外公与外婆之间的关系。同样，亲子关系也是两个代际之间的关系。（详见本书第四章）

上述几类"亲亲关系"都会极大地影响到亲子关系。从现实情况来看，亲子关系的问题，往往要到"亲亲关系"中去找答案。

两个大家庭，至少三代人，结合而成一个系统，对孩子的成长有着微妙而深刻的影响。

系统的力量非常强大，但往往是隐形的，很难觉察。这就会造成这样一种现象：我们确实感觉到了亲子关系存在问题，却很难找到真正的病根。有时候我们只能针对表象下功夫，但这样并不治本，可能会屡治屡犯，愈演愈烈，甚至有可能延误找出真正的病因，错失了最佳的调治窗口期。

亲子关系的本质

亲子关系是一种特殊的关系。我们要想搞清楚亲子关系的本质，就得从搞清楚关系的本质开始。

那么，关系的本质到底是什么呢？

一切关系的本质都是自我的变量。

在一生中，我们会和很多不同的人建立关系，包括伴侣、家人、朋友、同事，等等。这些都属于人际关系的范畴。同时，我们也会和国家、公司、军队、部落这样的组织建立关系。这些关系也少不了和组织中的其他人发生联系。

我们为什么需要这些关系呢？

我们的"自我"在萌发、成长的过程中，不可能始终处于被完美呵护的状态，必然会经历很多创痛，这就会导致"自我"发展不良。也就是说，我们的"自我"可能是残缺不全的,我们对自己的"自我"可能不甚满意。所以,我们需要和外部的人、组织或事物建立关系,并通过这些关系,来弥补自我的残缺,让自我完整。

当然,我们也可以通过自我观照来从内部修复自我。但我们往往不敢面对真实的自我,更不敢轻易地去直接疗愈自我,因为这会唤醒痛苦不堪的回忆。我们宁可通过种种的心理防御机制来把自我封装,削弱真实的感知。但我们依然渴望改变,渴望完美,而且,我们的真实自我越是疼痛,越是残缺,就越是希望外部关系这个自我的变量能够带来自己最需要的补益。于是,这些与他人的关系也就成了我们改变自我的便利途径。

所以,我们把每一段关系当作自我的一个变量,然后把烘托自我、健全自我、优化自我、救赎自我的期望都放在了这个变量之上。

绝大多数的人都是通过这种方式来抵御孤独的。这就是作为社会性动物的人类为什么如此需要关系的真正原因。

我们追求独立,却无往不在关系之中。

在某种程度上,一个人的关系就是一面自我的镜子,你的富足与匮乏、你的快乐与悲伤、你的沉溺与淡漠,都可以在关系这面镜子上清晰地投射出来。

在一种关系中,存在着两个自我。一个是你的自我,一个是被你视为自我变量的他人的自我。如果你的自我比他人的自我强大,你就倾向于表现出控制感,要按照你的意愿来控制他人的自我。如果他人的自我比你的自我强大,你就倾向于表现出依附感,想让他人来主宰你的自我。这两个不同方向的倾向,当他人是一个组织的时候,也同样存在。

既然一切关系的本质都是自我的变量,那么亲子关系也不会例外。

在亲子关系中,"亲"把"子"当作了自我的变量。而且,由于亲子关系中特有的血缘因素,"亲"会把"子"当作自我的一个非常重要的核心组成部分，以至于"亲"根本不将亲子关系视为人际关系，而是自我关系，是"旧我"和"新我"的关系，是"固我"和"变我"的关系。

但是，对于"子"来说，亲子关系也是他的自我的变量。而且，亲子关系是他这一生中所有人际关系的萌芽与原型。"子"既希望亲子关系能给他足够的呵护与安全，也希望在亲子关系中汲取充分的养分后走向自我的独立。

一开始拥有主导权的"亲"，如果不能妥善处理好亲子关系，就会极大地影响"子"的自我完整性和独立性。（当我们用"亲子关系"这个词，而不是"子亲关系"的时候，某种程度上，就已经在无形中剥夺了"子"的完整性和独立性）

吊诡的是，"亲"越是对"子"亲密无间，就越会剥夺"子"的独立存在性。所谓的"间"，就是指边界。无间，就是没有边界。也就是说，作为父母，你越是宠溺孩子，越是对孩子无微不至地付出，就越彰显你的孩子是不存在的。

爱一旦失去了边界，就是伤害。

最极端的情况是，父母为了孩子倾尽所有，完全丧失了自我，完全把孩子当作了自我，而对应的孩子的自我也随之消失无踪。这种"双重丧失自我"的极端情形，是亲子关系中最可悲也最可怕的局面。

在上海，有一位 82 岁高龄的老太太，身患尿毒症，每月只有 3500 元退休金，除去每月必须要支付的 2000 多元的医疗费，所剩无几，却还要抚养一个已经 48 岁、从国外名校毕业的海归儿子，而且一养就是 7 年！

这个儿子拥有加拿大滑铁卢大学的工程硕士学位，2012 年回国后就一直不肯工作，整日宅在家里，晚上打电脑，白天睡觉，完全以啃老为生。

看到这个案例，我们的第一反应往往是觉得老太太可怜了，这个儿子太不像话了。以他的学历，出去找个高薪的工作，并不是太困难的事情，为什么他就这么心安理得地非但不尽赡养母亲的责任，反而要宅在家里啃老呢？更为甚者，这个儿子并没有觉得自己内心有愧，反而抱怨这一切都是妈妈的错，都是妈妈毁了他的前途。

这到底是怎么回事呢？

老太太在记者面前，痛哭流涕地承认是自己的溺爱害了这个孩子。孩子从小学习很好，她对他期望很高，只要孩子好好学习，其他事情样样包办，结果导致孩子对她产生严重依赖，最终造成了今天的悲摧局面。

老太太把亲子关系当作了自己的"新我"，倾尽一切资源投入，付出了所有，却也完全剥夺了儿子的"自我"。儿子的"自我"始终没有得到发育成长的机会，只是习惯依赖于妈妈的布置与安排。一个缺乏自我的孩子，无论他的躯体多么健壮、他的学识多么精深，都是没有办法独立承担责任的。他连对自己的责任都担负不起，又怎么能担负得起赡养母亲的责任呢？所以，这个儿子的所作所为固然可恨，但首先是可怜。

这个故事就是亲子"双重丧失自我"的典型案例。

后来，老太太为了逼使儿子出去找工作，不得已到法院起诉，索要赡养费。但是，如果这个儿子内在的自我未能得到疗愈与重建，又怎么可能在职场和同事、上司、客户构建正常的关系呢？

职场上的种种关系，也是自我的一个变量。

同事、上司、客户都需要通过与你的关系来让他的自我更为完善健全，但如果你是一个没有独立自我的人，相对于别人而言，你的变量为零，甚或是负数，那么，谁会愿意像你的妈妈那样承担无限责任来关照你呢？

还有一位电影演员，曾经年少成名，现在已经40多岁了，却依然单身。他不是没谈过恋爱，前后有过两位不错的女朋友，都被他的妈妈否决了。他的妈妈，对他无微不至地照顾，十几年如一日，每天凌晨4点起床为他熬养生汤，8点前为他做好饭。赶上他外出去拍戏，年近七十的她就会跟到剧组去，不顾辛劳，带着电磁炉和锅，亲手为儿子烹制可口又健康的饭菜。

这样的画面是不是让人感到母爱的伟大？

但是，任何的爱，如果缺乏边界，就会变成枷锁。

这位妈妈无所不在的陪伴，实质上是无远弗届的陪绑。她对儿子的任何事情都要以自己的标准加以干涉。这其中最大的事情当然是儿子的婚姻大事。

对于儿子的对象选择，这位妈妈也完全以自己为标准。她说："我是用整个生命去对待我儿子的，我没有自我，完全没有自我。我在家里就是顶两个菲佣，家里搞得干干净净……"

她希望儿子也能找一个"完全没有自我"的人来当老婆，只有这样的女孩才是她满意的儿媳妇。但是，世界上存在这样的女孩吗？即便有，她问过儿子的感受吗？她尊重儿子的感受了吗？

实际上，儿子早就和妈妈说过："咱俩没法过了，你会把我搞死。"也就是说，尽管妈妈口口声声说是为了儿子，但儿子并不好受，而是十分痛苦。儿子甚至提到了"死"，这是在表明自己"痛不欲生""生不如死"。

如果儿子真的找到了一个"完全没有自我"的媳妇，这个家等于是三个人只有一个自我了。儿子没有自我，儿媳没有自我，这个唯一的自我就是妈妈的自我。可是她自己却说"我完全没有自我"，实际上她也真的没有活出自我。

这种自我黑洞——双重丧失自我，让亲子关系中的双方都失去了自我，没有一个人在关系中感觉到了幸福愉悦。显然，这是最糟糕的亲子关系。

理想的亲子关系应该是亲子双方都有一个独立健全的自我，相互是彼此的良性变量，让对方的存在感更加美好。

著名的黎巴嫩诗人纪伯伦（Kahlil Gibran）的一首诗贴切描写了理想的亲子关系：

你的儿女，其实不是你的儿女。

他们是生命对于自身渴望而诞生的孩子。

他们借助你来到这世界，却非因你而来，

他们在你身旁，却并不属于你。

你可以给予他们的是你的爱，却不是你的想法，

因为他们有自己的思想。

你可以庇护的是他们的身体，却不是他们的灵魂，

因为他们的灵魂属于明天，属于你做梦也无法到达的明天。

你可以拼尽全力，变得像他们一样，

却不要让他们变得和你一样，

因为生命不会后退，也不在过去停留。

你是弓，儿女是从你那里射出的箭。

弓箭守望着未来之路上的箭靶，

他用尽力气将你拉开，使他的箭射得又快又远。

怀着快乐的心情，在弓箭手的手中弯曲吧，

因为他爱一路飞翔的箭，也爱无比稳定的弓。

　　父母是弓，孩子是箭。弓有弓的自我，箭有箭的自我，相互成就，却不相互束缚。如果关系变成了枷锁，弓约束了箭的自由，箭必然辜负弓的期盼。

　　为人父母者，必须好好地想想，自己有没有做好"弓"？怎样才能让"箭"一路飞翔，又快又远？

人的第一反应定律

我们已经知道，一切关系的本质都是自我的变量。

在亲子关系中，存在着"亲"和"子"两个自我。所以，关系也表现为两个自我之间的状态调和。良好的亲子关系，必然是两个自我调和到了一种各自满意且又互相满意的状态。

自我的状态（State）是一个综合的指标，包括心理认知、情绪情感、身体感觉等多方面的状况。那么怎么来判断一个人的自我状态呢？

判断自我状态好坏与否的唯一标准就是感受（Feeling）。

感受是心理状态（即情绪状态）与生理状态（即身体感觉）的综合。印度哲人克里希那穆提（Jiddu Krishnamurti）说："感受，是我与其他事物建立关系的那一刹那的产物。"

如果一个人的感受系统（Feeling System）是正常的，就能够敏锐地反映出自己的自我状态。自我状态好，一个人就会心情愉悦，充满幸福感和对生活的激情。反之，自我状态不佳，就会心情低落，兴致匮乏，悲观失望，进而有可能情绪失控。

从更大的范围来说，整个人体就是一个精微的感受系统。

感受系统（Feeling System）与感觉系统（Sensory System）不是同一个概念。感觉系统是大脑神经系统中处理感觉信息的一部分。感觉系统包括感受器、神经通路以及大脑中和感觉、知觉有关的部分。通常而言，感觉系统包括那些和视觉、听觉、触觉、味觉以及嗅觉相关的系统。而感受系统则是综合了上述各种感觉，以及认知所带来的知觉而形成的一种以舒适或难受为判断标准的整体感觉。

感受包括快乐、痛苦、恐惧、愤怒、悲伤、嫉妒、厌恶等各种情绪，以及疼痛、寒冷、瘙痒等各种生理感觉，以及自豪感、自卑感、迷茫感等综合性知觉。

就人的基本生存欲望而言，自我状态是非常重要的。所以，面对困难、冲突、烦恼，人的本能反应就是让自己感觉好受。

这是人的第一反应定律（Human First Response Law）。

当然，每个人都不是万能的上帝，在追求让自己感觉好受的过程中，都会受到各种各样的限制。所以，我们必须加以适当的修正：

面对困难、冲突、烦恼，人的本能反应就是力所能及地让自己感觉好受。

我们不断寻找自己的舒适区，努力让自己保持在舒适状态，感觉好受。一旦我们的自我状态受到了外部攻击，我们立即会采用各种方法来加以防御，甚至是反击。

一般而言，为了让自己好受，我们会采取三种策略：**对外攻击、运用防御、自我攻击。**

有一个 3 岁的孩子，妈妈刚刚生了二胎弟弟，把主要精力都放在了照顾小宝宝身上。这个孩子觉得弟弟抢走了本来属于自己的关注，导致自己被忽略了，心情很不好。有一天，妈妈有事要离开一小会儿，就让这个孩子照顾一下才 37 天大的弟弟。没想到，等到妈妈回来，小宝宝脸色发紫，口吐泡沫，哭闹不止。妈妈追问情况，孩子这才说了实话，说是给弟弟喂了 3 枚螺丝钉！

妈妈惊恐之余，赶忙带着孩子赶往医院。幸好抢救及时，小宝宝肚子中的 3 颗螺丝钉被取了出来，脱离了危险。

面对痛苦，为了让自己感觉好受，人甚至会无所不用其极！

这个 3 岁的小孩，其本身的自控力还没有发展完善，面对毫无招架之力的弟弟，直接采用了最彻底的对外攻击的方式。这其实是一种本能的流露。

这个 3 岁的孩子，当他被妈妈忽略的时候，就是不存在的。他无法忍受自己的不存在，才会用激烈的方式来向妈妈宣示自己的存在，而这是以给弟弟造成极大伤害为代价的。

一般而言，自控力不足或者当对方处于明显弱势的时候，人们会采取对外攻击这种方式，通过打击对手，给对手制造痛苦，来换取自己的好受。

如果对手比较强势，攻击有可能反受其害，人们往往会发展出心理防御机制（Psychological Defense Mechanism），把痛苦压制到潜意识中去，从而让自己在意识层面上感觉不到痛苦，以恢复心理平衡。

比如，一个经常受同伴欺负的小男孩，在得不到大人保护的情况下，就可能幻想出自己有一个神通广大的朋友，总有一天会来帮自己收拾这帮欺负自己的坏孩子。这种幻想就是这个小男孩的心理防御机制，可以有效帮助他的自我状态趋于好受。

电影《大话西游》中紫霞仙子说的"我的意中人是一位盖世英雄，有一天他会身披金甲圣衣、驾着七彩祥云来娶我"，也是同一种心理防御机制。

上述两种"幻想"，其根本目的就是为了让自己好受。

又如，有一位著名电视主持人在分享自己的童年曾经被母亲严厉责打的经历时说："现在想来，小时候挨的每一顿打都很幸福。"但奇怪的是，当他自己有了儿子，却给自己定了一条育儿规矩：不打儿子！

这不是自相矛盾吗？

既然他切身体会到"挨打是幸福的"，为什么不让这种幸福在下一代身上传承下去呢？

实际上，这位主持人很清楚，他小时候挨打的时候并不幸福，而是和所有挨打的孩子一样，感到很难受！

但是，中国传统教育中有一条"子不言父之过"，无论父母有什么过失，子女都是不能公开指责批评的。后来这句话又演变成"天下无不是的父母"，无论父母怎么对孩子，出发点都是好的，从而也就是对的。所以，他不能说妈妈打自己不对。

明明感到挨打不舒服，却又不能反抗还击（即对外攻击），这种压抑会让他内心的感受越来越差。为了缓解这种纠结难受的感觉，他就不得不发展出一种来帮助自己缓解难受感觉的心理防御机制，即合理化攻击者的所作所为，让自己接受妈妈的责打是对的，是为我好的，体现在外的表达就是"挨打是幸福的"。有了这种认知，他就能对童年挨打的经历"暂时地"释怀了。

当然，他的潜意识中也很清楚挨打对自己的伤害，所以同时也给自己定下了"不打儿子"的规矩。

强调即匮乏，这样做的目的是为了不让自己的孩子重蹈覆辙，遭受自己童年时不愿遭受的伤害。而从深层次来看，这其实也是对自己无奈童年的一种补偿。不过，现实的情况更有可能是，当他被儿子搞得气急败坏的时候，往往会复制他的父母对待他的责打模式，而不能坚守自己"不打儿子"的承诺。

这位主持人对于母亲责打的合理化，其目的就是"自欺欺人"地让自己好受。

自我攻击则是一种比较特殊的方式。当人们在缺乏合适的外部攻击对象或者心理防御机制，而痛苦又很大的情况下，就会采取这种特殊的方式。

一位著名的小品演员 S 女士带着儿子参加一档综艺节目。节目需要参与者们做一些生活琐事。当她看到别人的孩子在做早饭时，忍不住说："怎么这么笨呢？我生了一个废物，但是废物也得利用。"当着别人和孩子的面，直接说儿子是废物。

儿子要给她煮鸡蛋，S女士说："你要能把这俩鸡蛋煮熟了，我就勉强把你留下。"后来，儿子要去搭一个鸡窝，S女士又说："你要能把这鸡窝做起来，妈妈真觉得这孩子没白养。"

总之，S女士对于儿子的动手能力、生活自理能力基本不抱希望，觉得儿子笨手笨脚，啥也不会干。这些负面评价都是面对镜头，当着他人的面毫无顾忌地说出来的。

很多人由此认为，S女士的做法代表了典型的中国家长，他们几乎不会给予孩子赞扬和肯定。还有的人将此称为中国家长最擅长的"打击式教育"。

其实，这压根和教育不搭边。如果你真的明白了"一切关系都是自我的变量"，就可以很清晰地洞察S女士为什么会控制不住对儿子的负面评价。

儿子是妈妈自我的变量，也就是妈妈自我的一部分。儿子能力不足，也就等同于妈妈的能力不足，是妈妈的重大缺陷。S女士的潜台词其实是：我怎么生了这么笨的一个儿子。这句话是她内心独白的外显，重点其实不在"儿子"上，而在于"我"上，是她自己对"我"的不满意。所以，对儿子的攻击，实质上就是对她的自我的攻击。

S女士在节目中还说过一句"我要找民政局换一个儿子"，这可真够幽默的。这绝对是一句"神来之语"，一个"换"字淋漓尽致、鲜明确凿地说明，她将儿子当作了自我的变量。

常量是固定不变的，只有变量才能够替换。S女士的"自我"历时已久，已经基本固化，所以是一个常量，要换只能换变量。既然要换，说明对现有的这个变量不满意，希望换一个更好的，能够弥补她的"自我"的不足。

当看到儿子啥也不会干，比不上别的孩子的时候，S女士的心理是尴尬的、羞愧的。这是一种非常不好的自我状态。羞愧是一种自我伤害极大的负面情绪，我们经常用"无地自容""恨不得找个地缝钻进去"来形容极度的羞愧。

根据人的第一反应定律，在这样的自我状态下，人们本能地想让自己好受。为了让自己好受，缓解自己的难受，往往倾向于自我攻击。因为对外攻击或者采用心理防御机制已经不足以对冲羞愧带来的负面影响了。

自我攻击实质上就是想在心理上消灭自身的存在来消灭内心不好的感受，归根到底还是为了让自己好受。

所以，我们不要妄言中国的父母们擅长"打击式教育"了（当然这不代表我们赞同父母们的这种做法）。中国的父母们，大多存在着将孩子的自我完全划归己有的倾向。父母是包公，而孩子是包身工。从而，呵护孩子，就是在呵护自己；攻击孩子，也就是在攻击自己。

当中国的父母们当众批评自己的孩子"笨""蠢""没用""无能""跟别人家的孩子差远了"，在给孩子们造成了极大伤害的同时，他们内心的伤痛一点都不比孩子经受得少。他们简直是羞愧若死！这种双重伤害的结果正是源自前面说过的双重丧失自我。

成人与孩子的判断标准

在亲子关系中，父母将孩子当作自我的变量，孩子也将父母当作自我的变量。但是，成人和孩子在判断自我状态时采用的标准却全然不同。

一般而言，成年人的判断标准是价值判断。

价值判断就是从理性角度看对与错，判断某件事情或某个行为是对的，还是错的；是有用的，还是没用的；是有价值的，还是没价值的。

在加拿大从事心理咨询多年的黄薇玉博士曾经经手过一个典型案例。一位名叫 Jim 的华裔男孩发邮件向她求助：[5]

> 我受不了现在的日子了。我爸天天说我没用。他们现在是说生气就生气，一点预兆都没有。我觉得他们看我做什么都不顺眼。最要命的是，他们总是说我不读书。我是真的有读呀。他们每天要说十多次"你以后肯定没有用"。我真的好几次想去死了。救命，我过得简直是生不如死。

Jim 是一个 16 岁的高中生，和父母之间的冲突日渐严重。他情绪低落，不想说话，不想去上学，整天躺在床上，也不愿意起床吃饭。父母怎么叫他都不搭理。

Jim 的父母在中国的时候曾是学校里的高才生，后来都成了大学老师。当他们发现自己的儿子学习不怎么努力，在班上成绩是中等的时候，不由得焦急万分。爱子心切的他们决定放弃已经拥有的一切，移民加拿大，希望给儿子换一个更好的环境，帮助孩子成为有用之才。

但是加拿大的教育体制和中国学校那种一天到晚拼命逼孩子学习的制度完全不同。Jim 每天下午 3 点就早早下课了，作业也很少，不到半小时就完成了。Jim 反而比在国内学习有了更多的时间用于玩耍、看电视、打游戏等。

Jim 的父母觉得这简直就是在浪费时间，浪费生命。他们坐不住了，马上就拿出了自己的解决方案。父亲拿出了一本词典，要求儿子每天背 3 页单词。母亲拿出了语法书，要儿子每天做一章练习。父亲还特别强调说自己当年就是靠把英语词典背得滚瓜烂熟，后来才有机会成为大学老师的。但是，Jim 却丝毫不在乎父亲的光辉事迹，顶嘴说："大学老师算什么？"父亲被气得火冒三丈。母亲则为父亲帮腔说："你不努力学习，今后就是个无用之才，社会的垃圾！"

Jim 打心底里不认同父母的教育理念，面对父母的强势与唠叨，备感无力，所以他想自杀，一死了之，结束这一点儿也不快乐的生活。

　　　　时间是不能被浪费的；

　　　　只有学习才是有用的；

　　　　不努力学习，就会成为没用的社会垃圾。

这些就是 Jim 的父母脑子中根深蒂固的价值判断。他们认为自己是完全正确的，所以毫不犹豫地向儿子宣导，当遇到儿子的抵制时，不惜采用严厉的措施，强迫儿子遵从。

Jim 所经历的这一切虽然发生在加拿大，但其实类似的，甚至更加激烈的情形也正在中国数以万计的家庭中上演。

孩子的判断标准往往是感受判断。

感受判断就是感觉上的好与坏，看一个人或一件事带给自己的是好的感受，还是坏的感受。

还是拿 Jim 的故事来举例说明。其实他也知道背单词、学语法对自己是有好处的，未来一定用得上，但是父母的高压强迫让他感觉很不舒服。所以 Jim 的感受判断就把这两件事当作了不好的事情而加以排斥。

法国心理学家佛朗索瓦兹·多尔多（Francoise Dolto）说："人类状况最大的悲剧，就是我们在一生中创造力最旺盛、视野最广阔的时候被置于成人的束缚之下，身体的不成熟矛盾地伴随着一种自然天赋和感觉非同寻常的早熟。"

美国儿童心理学家、精神病医生和教育家鲁道夫·德雷克斯（Rudolf Dreikurs）举过一个很有代表性的例子。[6]

8岁的查尔斯给外婆写了一封感谢信。他妈妈说要看看，查尔斯有些不情愿地把信递给了妈妈。妈妈说："查尔斯，你看你写得多糟糕，这么歪歪扭扭的，怎么不写整齐呢？而且还拼错了三个单词。过来，照这个样子抄三遍。你可不能把这么乱七八糟的信寄给外婆。"

然后，妈妈把正确的词写在错的上面，让查尔斯重新写。查尔斯从头开始，可是这次出了更多的错。他一张一张揉掉写错的信纸，最后气得泪流满面，扔掉了笔，大叫道："我写不好！"

这个场景出现在几十年前的美国家庭中，但我们今天也可以在中国家庭中屡屡看到类似的情形。

正确对于查尔斯的妈妈来说，为什么会如此重要？她为什么非要纠正查尔斯的那几个并不影响阅读，更不影响情感表达的拼写错误？

事实上，查尔斯本来很享受写信的乐趣，不论他的信错成了什么样子，他的外婆收到后都会非常高兴。这是一封表达情感的信，而不是一份有标准答案的家庭作业。重要的是查尔斯对外婆的关爱之情，而不是拼写的正确与否。但是，妈妈的纠错完全破坏了查尔斯的好心情。

成年人总是倾向于用价值判断来对待孩子，努力要把孩子训练成完全正确、毫无缺点的人。但孩子却是感受判断的。我们可以想见，写信已经不再让查尔斯感到快乐了。今后很长一段时间，他很可能都不愿意给外婆写信了。

现在有很多家长为孩子无心学习、不求上进而发愁，却不知道，其实正是他们过于苛刻，毫无耐心的价值判断摧毁了孩子的学习热情，就像查尔斯的妈妈摧毁他的写信热情一样。

成年人并不是完全没有感受判断，而是往往把价值判断放在了感受判断之前。当然，也有的成年人，因为特殊的成长经历，完全用价值判断取代了感受判断。或者说，成年人原初而有的感受系统已经被种种的价值标准破坏了。

所有的大人，都曾经是孩子。他们曾经也是用感受标准来判断的。但是，随着他的成长，他的父母以及所能接触到的成年人，不断地用他们的价值判断来纠正、取代他的感受判断。

事实上，一个人的社会化过程就是不断地将各种价值标准内化于心的过程。这个过程当然是必要的，但是，如果一个人完全丧失了基于自身真实感受的判断能力，这个人就不是完整独立的个体，而是某种程度上被外界标准操控的"机器人"。

一个人成年之后的感受系统并非完全源自内心，而往往依托于外界的强势标准。

这些强势的外部标准在某种程度上已经内化为成年人的价值观，以至于这些价值判断发生作用的时候，成年人还以为是自己在做理性的判断，其实是不知不觉地被外部的公认标准所掌控。

举一个典型的例子。

一位移民美国的中国父亲，在著名的加州大学伯克利分校任教。他对自己的女儿在学业上的要求极为严苛。到了女儿读完高中申请大学的时候，他严令女儿必须申请自己所任教的伯克利分校，并且不得住校，必须住在家里。这等于是剥夺了女儿在校园里的一切社交生活。

对于青春飞扬的女儿来说，再没有比这更痛苦的事情了。为了摆脱父亲的控制，女儿在提前拿到了伯克利分校的录取通知后，伪造了父亲的签字，悄悄地申请了远离家庭的位于东海岸的哈佛大学。幸运的是，女儿成功了。当她把这个秘密对父亲公开的时候，父亲一开始是大发雷霆，因为女儿不但没有执行他的命令，而且还伪造签名。这都是此前绝对不可容忍的事情。但随即，这个父亲突然变了，不再生气了，而是为女儿感到由衷的自豪！

这个让人感到滑稽的巨大转变说明了什么？

加州大学伯克利分校固然是世界名校，但哈佛大学的排名显然更高。从价值判断来说，女儿的所作所为，虽然有错，但结果是更好的，从而也是更对的。所以，父亲对价值进行重新衡量判断后，很自然地觉得自己根本没有必要生气了，高兴还来不及呢！

在这个例子中，我们还可以看到，当成年人的价值判断被拒绝时，他的感受很不好，会非常愤怒。这就是说，成年人的感受判断往往是以价值判断为前提的。或者说，成年人把价值判断当作了感受判断。

成年人用是非对错来判断一切，用有用没用来衡量一切。凡是对的，有用的事物或行为，就能给他们带来好受的感觉。凡是错的，没用的事物或行为，就会给他们带来难受的感觉。

对与错，有用与没用，又会演变成分数、名次、荣誉、头衔、等级、地位、职务、收入、资产等可以量化、可以比较的东西，最终完全演化为利益之争。

基于好坏的感受判断和基于对错的价值判断是大不相同的。也许有人会说，好的不就是对的，坏的不就是错的吗？

对于孩子来说，这是成立的。但是，对于经历了很多的成年人来说，就不成立了。

比如，孩子往往因为喜欢一个老师而喜欢这个老师所上的那门课，然后在这门课上表现突出，成绩优异。有时候，某门课突然换了老师，孩子的成绩马上就会出现波动。有的成绩变好，有的成绩变差，关键就是看孩子喜不喜欢这位新换的老师。

这种普遍存在的现象让稍微具备一点理性思维的成年人很难接受。在成年人看来，老师和他所上的课之间的价值关联并不存在。如果一门课非常重要，那么，不管老师讨不讨人喜欢，你都得学好这门课。成年人经常这样对孩子说理，但却收效甚微。孩子总是听从自己的感受判断，同时把感受判断当作了价值判断。

再举一个例子。

一个孩子生病了要喝中药。中药很苦，带给孩子的是一种很不好的体验及感受，孩子会拼命拒绝，哪怕中药会救他的命。但是成年人却知道"良药苦口利于病"，为了恢复健康，再苦的药也要喝下去。对成年人来说，喝中药是一件不好受的事情，但却是正确的事情。所以，成年人会牺牲自己的感受来服从价值判断。

成年人不但为了自己会这样做，当他们化身为父母的时候，也会对孩子这样做，因为他们把亲子关系当作了自我的变量，也即是自我的一部分。他们对孩子这样做，表面上的理由是"为了孩子好"，但在本质上还是为了让他们自己的感觉好受。他们会不厌其烦地纠正他们眼中孩子的错误做法，用他们自以为正确的方法来取而代之。前面所说的 Jim 的案例正是这样的。如果孩子不依言照做，大人们会非常苦恼，甚至抓狂。

美国怀特学院的心理培训及督导分析师菲利普·布隆伯格（Philip Bromberg）回忆说："早在上中学的时候，我就因为顽固地拒绝用成年人所说的'真正的现实'替代我内在体验中感受到的现实，在那些以教育我为己任的人面前麻烦不断。"[7]

老师总是不厌其烦地在布隆伯格的成绩单上附上这样的话："菲利普看起来很聪明，但是他好像活在自己的世界里。我从来都不知道他在想什么，我做的事、说的话没有一样可以改变这一点。"

布隆伯格的父母非常清楚老师在说什么，因为他们都是采取相同判断标准的成年人。

布隆伯格说："对那些总是想办法让我集中注意力的大人们来说，我的坏习惯必须改变。对此，我完全不敢苟同，而且我无法理解为什么这对他们来说那么重要。所以，我依然我行我素，直到我妈突然想到一招，让我重复她所说的话，希望以此来挫败我对她的忽视。当时发生的情形我至今记忆犹新。她站在我的面前，两手掐腰，咆哮道：'你就是不听话！你就是听不进去我的话！现在我要对你说一些话，你必须原封不动地重复出来。'"

布隆伯格的遭遇并非个例。我们在现实生活中也经常会听到其他自以为看透世事的人的教导："你还是现实一点吧！"这其实是在说，你自己的感受不正确，没有用，还是听我的吧，我的感受是对的，是有用的。

布隆伯格的老师丝毫不尊重布隆伯格的自我体验，非得把自己对现实的看法强加给他。布隆伯格的妈妈最后也是拿出了家长仅剩的霸道权威，逼迫孩子按照她说的话做事。

法国 18 世纪伟大的启蒙思想家卢梭（Jean Jacques Rousseau）指出："大自然要人类在长大成人之前先当孩子。如果违背了这个自然原则，培育的将是一个既不成熟也不可口，而且很快就会腐烂的早熟果子。我们会得到一些年轻的贤者和失去天真的孩童。孩子有其特殊的方式去观察、思考和感觉，用成人的方式去要求孩子是愚蠢无比的。"[8]

绝大多数的亲子冲突就是因为父母和孩子之间的判断标准不一致，而父母强迫孩子接受自己的价值判断造成的。

拥有丰富社工工作经验的苏珊·卢卡斯（Susan Lukas）这样描述成人与孩子在判断与表达上的区别："成人主要通过语言和文字来加工、认识并描述他们的生活，与此不同的是，儿童常常把他们的感受、害怕、担心以及对周遭事物的理解和误解付诸行动。儿童的这种形式的沟通是象征性的，并且充斥着比喻。他们的表达可以是详细和复杂的，充满了幻想和想象，也可以是空洞和极端的。儿童的表达方式叫作游戏。"[9]

　　为了避免人们误解"游戏"这个词的意思，苏珊·卢卡斯特意补充道："在这里，'游戏'的含义也许看起来和你以往学过的定义不同。以前你认为的'游戏'指的是一项完全为了娱乐而做的活动，而这里的游戏是指一种儿童对于其内部世界的表达，是一种语言。"

　　也就是说，儿童往往通过"游戏"来表达他们的感受。而在大人看来，游戏就是游戏，工作就是工作，两者之间泾渭分明。所以，儿童和大人的判断及表达标准由此大相径庭。

　　那么，为什么亲子之间的判断标准会不一样呢？大人不都是从孩子成长而来的吗？为什么一个人长大之后，就会丧失曾经拥有的感受判断呢？

　　这还得从婴儿的全能感说起。

　　婴儿未出生时在母亲的子宫里活得非常惬意，温暖湿润，安全祥和，不需付出任何努力，就能获得生命所需的各种养分，简直就像在天堂一样。出生之后，婴儿告别了这种天堂般的生活。但是，主要看护者（一般是母亲）在婴儿出生初期给予的无微不至的照顾，让婴儿仿佛又回到了子宫。饿了，马上就会有奶喝；哭了，马上就会被温柔呵护；睡了，马上就会有深情而专注的凝视以及紧密而热烈的拥抱。婴儿于是有了一种错觉，以为自己无所不能，自己对外界发出的任何信号都会得到及时而适宜的反馈。这就是婴儿的全能感。

在这一时期，婴儿虽然没有形成明确的意识，但还是感觉到自我就是这个宇宙的一切，自己和母亲是一体的（当然此时他并不知道那个呵护他的人应该称之为母亲），从而母亲的自我显然也是他的自我的一部分。这时候，婴儿的感受系统是极其灵敏的，对外界的判断也完全由感受决定。

但是，这种无时无刻无微不至的呵护是无法长期持续的。随着婴儿身体的生长以及意识的发展，主要看护者对于他的反馈逐渐有了时间滞后。婴儿在痛苦中，慢慢觉察到了真相，自己并不是宇宙，也不是宇宙的中心。于是，婴儿不得不从全能感和一体感中分化出来，学会区隔出自己和他人的边界。这时的婴儿，是非常脆弱的，需要他人（一般是主要看护者）的精心呵护，于是将关系视为自我的变量的驱动力由此生发，并且贯穿一生。

在这一阶段，如果父母不能及时并且精心呵护婴儿细腻而敏感的情感需求（诸如渴望、悲伤、担心、害怕等），将会造成难以弥补的伤害性后果。

婴儿的成长过程是一个逐渐从全能感和一体感分化出来，走向独立的过程。独立的代价实际上就是各种各样会带来负面感受的挫折。以婴儿的脆弱程度、敏感程度，任何一丝一毫的怠慢、忽视、滞后，都会带给他挫折感。婴儿无力改变这个必然的趋势，为了让自己感觉好受，心理防御机制自然随之而生。

可以说，人的心理防御机制就是伤害与挫折的直接产物，是一种自然选择条件下对于不良感受的适应调整。

美国心理学家鲁道夫·内森（Randolph Nesse）指出，感受最大限度地表达了达尔文的物竞天择理论。自然选择把每种坏的感受发展成某种特定威胁的防御，用感受来调整一个人对于当前状况的反应。帮助一个人逃避老虎的那些行为、心理和认知反应，与帮助赢得爱慕对象或者攻击竞争对手是不一样的。恐惧、爱和愤怒是截然不同的心理程序，在自然选择中形成，提供人们应对历次挑战的能力。[10]

心理防御机制逐渐形成后，感受判断的敏锐度就下降了，甚至可以达到无知无觉的程度。随之而来的则是价值判断登上舞台。一个人的经历、遭遇、主动学习、被动灌输所得到的价值判断（信念、信条等），都会被收纳进防御机制之中。其根本目的也就是让自己感觉好受，哪怕是以自欺欺人的方式。

我们必须强调指出，很多我们耳熟能详的口号、标语、俗语、名言，实际上都是集体意识层面的防御机制。

一切价值信条都是心理防御机制。

比如，一个人在社会交往中吃了亏，被别人占了便宜，带给他的必然是不好的感受。但是，如果你调用了"吃亏是福"这句充满价值倾向的俗话，不好的感受就消失了。吃亏不再是吃亏了，而是福了。得到了福，自然是应该高兴的事情，怎么还能难受呢？必须好受。

又如，某个身为父母的人，看到别的父母为儿女精心筹划，上好的大学，找好的工作，自己却因为能力有限而无法如愿。这时候，他往往会陷入焦虑、自责、愧疚这些负面感受之中。但如果有人对他说"儿孙自有儿孙福"，你干嘛操那么多心？只要他听进去了，把"儿孙自有儿孙福"纳入自己的信念之中，这句话就成了最适宜于他当下情形的防御机制了。他也就可以卸下心理的重担，而让自己感觉好受了。

我们说成年人习惯运用价值判断，并不是说他们完全失去了感受判断。成年人当然也有感受判断，但他们在社会生活中浸淫日久，更习惯于在某种文化情境中随波逐流，采用普遍的价值判断。对成年人来说，往往是价值判断第一，感受判断第二。因为他们（也许不得不）学会了压抑自己的感受，忽略自己的感受，蔑视自己的感受。

比如，一个已经成年的女孩在参与公益活动的时候，被一位知名的公益领导者 L 性侵。这个女孩 3 年后在描述自己的感受时说："我自己要为这件事负责，L 是一个好人，那肯定是我的问题，是因为我是个不好的女孩子，这种事情才会发生在我身上。"甚至还说："哪怕这件事过去了 3 年，我依旧认为，我有错。"

一个女孩子被一个她所信任、敬仰的人侵犯，感受无疑是特别糟糕的。她自己也感觉到了这一点。但是，她所接受的社会训练却导致她不断地用价值判断来评判这件事情的责任而将自己的感受放在了第二位。她一直认为自己有错，自己必须负责，而那个一直以公益领袖面目出现的性侵者因为曾经做过对社会有益的事情，是一个好人，而好人是不会犯错的。既然如此，有错的只能是自己了。

这就是价值判断凌驾于感受判断之上的典型表现。

其实，这个傻孩子不知道，她哪有什么错，她应该毫无负担地接受自己的真实感受，大声地说："我没错！遭遇这样的事情，并不是我的责任！"

我们再反过来思考一下。为什么这个女孩明明没错，却要把责任归结于自身？在她的成长过程中，曾经经历了什么？她的感受有没有得到尊重和呵护？这种明显不正确的信念是怎样由她的感受系统的演变而进入她的信念价值体系的？

成年人是价值判断第一，感受判断第二，而孩子恰好相反，是感受判断第一，价值判断第二。

这有三方面的原因：

1. 大脑发育因素

孩子的大脑，尤其是负责理性思考的大脑新皮层，尚未发育完成。大脑新皮层一般要到 20 多岁才能最终发育成熟。在此之前，孩子总是缺乏理性判断和自控能力，所以他们不擅长运用价值判断。这是生理上的原因。

2. 防御机制因素

一个孩子如果是在比较精心的呵护环境中成长的，一般不太会遭遇重大的挫折与打击，从而不太需要心理防御机制的保护。心理防御机制形成较晚的孩子，其感受系统会一直保持灵敏。而那些早熟的孩子，事实上就是过早形成了防御机制。这类孩子的感受判断已经弱化，转而以成年人式的价值判断为主了。这是心理上的原因。

感受是不会撒谎的，除非心理防御机制将它扭曲、篡改。

3. 学习因素

情绪与感受的表达是需要学习的。孩子在没有学会用语言合理表达情绪与感受之前，只能通过直接表达感受来宣泄压力。这是能力上的原因。

对一个孩子来说，成长的过程就是日渐丧失感受的过程。正因为成年人和孩子的判断标准是如此的背道而驰，亲子关系才会不可避免地屡屡发生冲突、出现问题。

完形疗法（亦称格式塔疗法）的创始人弗雷茨·皮尔斯（Fritz Perls）说："我们需要失去理智，才能走近感觉。"

这句话显然是对成年人而言的。

成年人越是理智，距离感觉就越来越远。当他们和孩子打交道的时候，就越是会误导孩子、误解孩子、误伤孩子。

基于上述的三点原因，指望孩子拥有成熟的价值判断并不符合人的发展的基本规律。成年人最大的问题就是把感受过度理智化。所以，作为成年人的父母，要想搞好亲子关系，就必须像皮尔斯所说的那样，适当放下理性，走近感性。只有这样，才能真正感受到孩子的真实感受，才能为良好的亲子关系做好铺垫。

蒙台梭利（Montessori）说："儿童是成人之父。"这句话听起来有点深奥，其意思是说，成人都曾经是儿童。如果成人忘记了自己曾经是一个儿童，那么，他就不能给幼儿提供一个适宜发展的环境，就不会去克服他自己与幼儿之间的冲突，幼儿的心理就会产生畸变，并将伴随其终生。

有些家长在发现了自己的养育过失后，往往会对孩子解释："爸爸（妈妈）也是第一次做爸爸（妈妈），我也没有经验。"（这句话实质上也是一种心理防御）但是，父母们却忘了，你曾经做过孩子，而你的孩子，却从来没有做过父母。我们还能用我们是第一次当父母来为自己开脱吗？

父母们必须牢牢记住，不要急于向你的孩子传递价值观。"感受第一，价值第二"才是构建良性亲子关系的不二法宝。

孩子们的"感受第一"也表明他们是活在当下的，而成年人受"价值标准"的影响，要么是活在过去，要么是活在将来，却很少活在当下。

一个感受系统发展正常的孩子所表达的就是即时即刻的感受，对他们来说，时间是一个完全不同的概念。

在互联网上热传的一个视频中，一个挨了妈妈责打后气愤难平的小女孩，气呼呼地对她的妈妈说："我要过很久很久才会原谅你。"妈妈追问她"很久很久"是在什么时候，小女孩着重强调说："到明天我才会原谅你，明天！"[11]

对成人来说，"很久很久"显然是一段很长的时间，但是这个小女孩愤怒之下的表达却告诉我们，哪怕仅仅是"明天"，对孩子来说就已经是"很久很久"了。这充分说明孩子是活在当下的。同时也提醒我们，孩子的痛苦与困扰都是在此时此地进行着的。他们不善于延迟表达，也不善于延迟满足。

因此，时间感的错位，也是亲子冲突的一种重要诱因。

当然，我们也必须指出，孩子只关注他自己的感受，常常不知道自己的行为会给他人造成什么影响。这是一个必然的发展阶段，并不是孩子故意要与父母对着干。

所以，父母要给予孩子足够的理解，用无比多的耐心帮助孩子度过这个发展阶段，并且引领孩子逐渐学会关注他人的感受，而不是对孩子提出超越其发展阶段的要求和预期，更不能直接给孩子贴上"自私""不懂事"的标签，然后以怒怼怒，以暴制暴。

感受的存储与提取

我们一直在强调感受在人际关系中的极端重要性，那么，我们的大脑到底是怎样呈现、体验、记忆以及调用这些感受的呢？

人的大脑中有数以百亿计的不同类型的神经元。1949 年，心理学家唐纳德·赫布（Donald Hebb）发现，人们的大脑依赖于各种神经元之间的联合作用，重复的刺激可以导致神经元突触传递效能的增加，即当两个神经元细胞连在一起时，它们就会同时兴奋放电并同时传输信号。这样，意识或者说思维就产生了。

《等号思维》一书给出了思维或意识最小单位的定义：

思维或意识的最小单位就是大脑中的一条神经元链接以及这条神经元链接的放电传导过程。

这个定义可以帮助我们更好地理解感受这个概念。

思维或意识，在某种程度上有一部分就可以视同为感受。由此可知，感受实际上也是大脑中的不同神经元之间的链接。

一个人所有感受的呈现、体验、记忆和调用也即是神经元链接的放电及传导过程。

神经生物学家杰拉德·哈瑟（Gerald Huther）认为，人们大脑中的神经网络对经验具有依赖性。当我们不停地重复某种想法和受这种想法支配的行为时，我们的神经元细胞就会关联起来。

比如，当我们经历某一个创伤事件时，大脑神经元就会产生一个基于神经元链接的集合，这个集合包括由这起创伤事件诱发的所有想法、感受、记忆、知觉、社会情感、自我保护策略以及先天性反应倾向等。当任何与这起创伤事件有关的东西出现时，比如一段回忆、一种情境、一次对话，整个感受集合就会被立即激活。

2013 年，麻省理工学院的两位神经科学博士在实验室里用老鼠做了一个实验。老鼠的头上被植入了激光发射器和光导纤维，只要一通电，就可以将蓝光直接投射到老鼠大脑中特定的神经元细胞上。

实验者事先已经查明了这些神经元细胞组成的链接存储的感受、记忆或功能。只要一发射蓝光，其所存储的特定感受或记忆就会被激活，然后会驱动老鼠做出相应的动作。

实验者有意将老鼠倒着吊在一个黑暗、狭窄的空间里。老鼠失去了基本的自由，动弹不得。而且老鼠的社交活动也被剥夺了，没有一个同伴可以交流。几天之后，这只老鼠就明显地表现出了抑郁的症状。

具体表现是：以前特别喜欢的食物也激不起它的食欲了，求生的欲望也急剧下降，一副听天由命、任由宰割的样子。

这是典型的习得性无助现象，表明这只老鼠丧失了基本的生存驱动力。这和人类中那些罹患抑郁症而郁郁寡欢，经常想着要自杀的人几乎是一致的。

从现有常用的治疗方法来看，无论是老鼠还是人，要将他们从抑郁状态中解救出来，难度非常大。

实验者通过对老鼠脑内存储着快乐感受的神经元发射蓝光，将其激活。原本被倒吊着等死的老鼠竟然开始挣扎起来。这明显是有求生的欲望了，说明老鼠的抑郁状态消失了。

刚开始的时候，实验者每发射一次蓝光，老鼠的求生行为就出现一次，整体效果维持的时间很短，老鼠很快重新陷入抑郁等死的状态。但是，连续对老鼠进行"蓝光治疗"5天之后，实验者发现，治疗效果至少可以持续24小时。而且，通过激活老鼠的快乐感受，老鼠脑中产生了更多的新生神经元。

这个实验告诉我们，无论是快乐的感受，还是痛苦的感受，都会被大脑内的神经元存储起来，而且是可以一再调用激活的。

这个结论不但适用于老鼠，也适用于人。

所以，我们的大脑实际上是一个感受银行（Feeling Bank）。大脑中丰富的神经元就是各种感受的载体。我们的经历，尤其是在童年时期的经历，附带着各种感受，就像存款一样，存进了感受银行之中。

一个存储了大量痛苦感受的人，会渐渐失去生命的活力，在面对困难与挑战时，就会缺乏韧性与斗志，就像一个负债累累的人，很难做到坚强不倒。

一个存储了大量快乐感受的人，就会充满热情和勇气，敢于正面困难，迎接挑战，随时可以提取雄厚的快乐感受存款来抵御生命的风寒。

所以，我们很有必要在孩子幼小的时候，尊重他们的感受，呵护他们的感受，为他们构建良好的感受系统，并在他们的感受银行中储备充足的正面感受。

我们再来看另外一个实验。

关于自控力和延迟满足的"棉花糖实验"是心理学历史上最著名的实验之一。

斯坦福大学的心理学家沃尔特·米歇尔（Walter Mische）从1966年开始，

在幼儿园里进行了一系列实验。大人将孩子单独留在房间内，在孩子的面前摆着一颗棉花糖。大人声称自己要离开15分钟，如果孩子想吃这颗棉花糖，就可以把它吃掉。如果孩子能够坚持不吃，等他回来后就可以多得到一颗棉花糖。

结果，有的孩子控制不住，大人刚一离开就吃掉了糖，还有的孩子拿起糖又放下，反复了好几次，最终还是吃掉了糖，只有大约三分之一的孩子成功抵御了诱惑，然后在15分钟后得到了双倍的奖励。

大约20年后，沃尔特·米歇尔对当年参加实验的孩子进行了回访。他发现，当年成功抵抗诱惑的孩子，拥有了更高的学历、更健康的体重，SAT成绩（大致可以理解为美国的高考）也比直接吃掉棉花糖的孩子平均高出210分。SAT总分是1600分，210分已经是一个巨大的差距了。

所谓自控力，就是和不良感受做斗争的能力。自控力和一个人负责理性思考的大脑皮层的发育状况直接相关。孩子总是倾向于即刻满足的，是否具备延迟满足的能力，是判断一个人是否成年的重要依据。

根据人的第一反应定律，孩子马上吃掉棉花糖带给他的感受才是好的，而等待15分钟再吃近在眼前的美食，带给他的感受是不好的。幼儿园的孩子，大多是在四五岁，在这一阶段，孩子的理性控制力不强是正常现象，马上把糖吃掉属于正常的表现。如果某个孩子可以忍住不好的感受而等待更好的结果，说明他的理性控制力相对于其他的孩子更强。当他的这一特质在成长过程中不断发挥作用，自然更有可能在社会竞争中获胜，取得更好的成就。

那么，更重要的问题出现了。年龄大致相仿的孩子，除了先天特质的差异之外，还有什么原因导致了孩子们在忍耐不良感受上的能力差异呢？

美国罗彻斯特大学的莎莉丝特·基德教授（Celeste Kidd）对沃尔特·米歇尔的棉花糖实验进行了优化，并于2012年发表了研究成果。[12]

莎莉丝特·基德在原来的棉花糖实验之前增加了一个步骤，先把孩子分为 A、B 两组，让孩子们画画，旁边放了一盒用过的旧蜡笔。

A 组由"可信的大人"主导，告诉孩子们可以用现在的旧蜡笔，或者稍等一下，她会去拿一些新的更漂亮的蜡笔。几分钟后，大人真的拿来了新蜡笔。

B 组由"不可信的大人"主导，大人说了同样的话，但却食言了，没有拿来新蜡笔。

这个热身的步骤微妙地影响到了 A、B 两组的孩子的感受。A 组的孩子因为大人的守信，感觉良好，B 组的孩子则因为大人的失信，而感觉不好。

紧接着，莎莉丝特·基德教授开始对同一批孩子进行传统的棉花糖实验。

结果令人震惊，A 组孩子延迟满足的平均时间达到了 12 分钟，而 B 组孩子坚持的时间只有短短的 3 分钟。A 组孩子的表现比 B 组的孩子整整高出了 4 倍！这在实验对比上是一个极其巨大的差别！

为什么 A、B 两组孩子会出现截然不同的表现？

孩子的感受系统是极其敏感的。守信的大人在孩子的感受账户中存入了微量的美好感受，使得孩子在接下来的试验中有理由相信，等待之后必有回报。而那些失信的大人则在孩子的感受账户上存入了不好的感受，导致孩子担心自己的坚持等待同样也会得不到更好的结果，那还不如把握住眼前的机会，马上将棉花糖吃掉，以免连这一颗棉花糖都保不住。

莎莉丝特·基德的这个实验告诉我们，哪怕是很不起眼的微量感受，都可能对孩子的感受系统造成放大化的影响。那么，在我们和孩子的朝夕相处中，是不是需要对自己的言行举止倍加留意，以免在有意无意中对孩子造成感受上的伤害？

纽约大学与加州大学欧文分校的教授们对沃尔特·米歇尔的实验提出了质疑——认为他的实验样本太小，而且过于单一。于是他们改变实验的初始条件，进行了一项新的研究。[13]

新的研究把孩子分为两组，一组孩子的母亲具有大学学历，另一组孩子的母亲则没有上过大学。结果发现，母亲上过大学的孩子比母亲没有上过大学的孩子在实验中的等待时间更长。

这是怎么回事呢？为什么母亲的学历水平对孩子的自控力会产生影响呢？

实际上，母亲是否上过大学，隐示了孩子的家庭条件。高学历的母亲，往往表明家庭条件较好。在富足家庭中成长的孩子，食物充裕丰富，孩子从来不用为吃饱肚子担忧。哪怕错过了这一顿，也随时有别的补偿办法。而穷人家的孩子，往往是落袋为安，只有吃到嘴里才是自己的。

从更深层次来看，家庭环境微妙地影响到了孩子的感受系统。富足家庭的孩子，安全感相对充足，孩子的感受账户存款很大，让他无须急于满足自己。而贫困家庭的孩子，安全感相对匮乏，孩子的感受账户余额不足，驱使着他马上满足自己。

当然，孩子成长所处的家庭环境不仅仅要看物质条件，更要看精神条件。如果一个富裕之家，亲情冷漠，争吵不休，也会对孩子的感受系统造成极大的伤害。

总之，感受虽然无形无色，却可以在大脑的神经元中存储，终身发挥影响。所以，我们可以推知：

就养育而言，父母最大的过失，就是伤害孩子的感受系统。

滋养理论的构建

在这一章里，我们从感受的角度探讨了亲子关系。这是一个非常特别的角度，为我们构建良性健康的养育方式提供了全新的可能性与理论基础。

父母的感受往往是以价值判断为前提的，而孩子基本上是纯然的感受判断。如果父母过于在意自己的感受，并经由自身在亲子关系中的权力优势，将孩子的自我据为己有，那么，哪怕你再疼爱孩子，为孩子付出再多，孩子也是不存在的。

这就直接走向了养育的反面。我们知道，养育孩子的根本目的就是要让孩子成为一个独立、自主的人。但是由于父母的不当养育方式，关系变成了束缚，热爱变成了伤害，陪伴变成了陪绑。

对一个活生生的人来说，感受是他的生命质量的唯一衡量标准。现在的亲子关系之所以会出现如此多的问题，关键就在于亲子之间没有处理好双方的感受平衡。

所以，我们很有必要，基于人的基本感受来构建一种新型的亲子关系，或者说一种新型的养育方式。

这种新型的亲子关系或养育方式就是滋养。

滋养是一种既让父母存在，也让孩子存在的养育方式。亲子双方很深地介入到彼此的关系之中，但是彼此之间却保持着富有弹性的合理边界。

在滋养关系中，双方都不霸道，也没有操控。父母亲的自我重要，孩子的自我同样重要。父母存在，孩子也存在，就意味着尊重亲子双方的感受。

哈佛医学院儿科临床名誉教授、波士顿儿童医院医学中心儿童发展部创立者T·贝利·布拉泽顿（Berry Brazelton）曾经阅孩无数，帮助无数家庭解决了孩子的疑难杂症。他用朴实无华的语言为"滋养"提供了另一种诠释。

他说："我很怕自己再给这些父母提出什么建议，他们已经不堪重负了。然而我要提的不是什么具体建议。我的全部建议就是：与孩子一起做任何能让你和孩子感觉最好的、最快乐的事。"[14]

所以，我们可以再给出滋养的另一个定义：

滋养就是亲子双方共同创造并沉浸在喜悦平安的状态之中。

这种喜悦平安的状态可以简称为"悦安状态"。我们可以用是否处于"悦安状态"来判断亲子关系是滋养型的，还是非滋养型的。

滋养实际上也体现出了一种连贯性（Coherence）。从广义上来讲，连贯性是任何系统内的一种有序、一致、共同、和谐的机能。连贯性还意味着一种有意识有愉快的存在状态。这就是"悦安状态"。

新近的研究表明，当人充满感激，或身处欢乐和谐的环境中，或沉浸于愉悦的工作、学习或冥想中，就会出现一种连贯的心率变化。一个连贯的心跳模式，决定了大脑接受来自环境的感官信息的最佳能力。而当人处于紧张或沮丧的状态时，心率变化呈现出一种不连贯的状态，大脑同时也处于不连贯的模式。这种不连贯的模式降低了大脑接受感官信息，从中构建可理解的模式和做出恰当反应的能力。[15]

在现实生活中，很多家长因为辅导孩子的作业而心情烦躁，甚至有的被气得心肌梗死，却束手无策。如果他们懂得连贯性的原理，就会知道，尊重并呵护孩子的感受系统对于促进孩子的学习能力以及学习成效是多么地重要。

从这里，我们也可以看到，一个人的感受模式是具有身心一体化的结构的。我们的感受结构，决定了我们面对外部世界的生理反应和心理反应。滋养可以打通生理和心理、身体和心灵（情绪、感受）之间的通道，所以，就亲子养育而言，滋养是最理想的养育方式。

为了更好地构建滋养型亲子关系，我们需要特别强调滋养理论的几个基本前提：

（1）一切关系的本质就是自我的变量。

（2）亲子关系是一切人际关系的萌芽与原型。

（3）感受第一，价值第二。

（4）面对困难、冲突、烦恼，人的本能反应就是力所能及地让自己感觉好受。

（5）在滋养型关系中，一定是有两个自我存在，边界清晰，富有弹性，适时适度地互相扶持。

那么，在亲子之间如何才能实现相互的滋养呢？

滋养，是一个亲子互动的过程，很大程度上要落地在沟通上。我们知道，人与人之间的互动沟通是人际关系的基本表达形态。因而，滋养型的亲子关系也主要通过父母与孩子之间的沟通完成。

沟通既可以通过语言来表达，也少不了非语言的表达，这两者既可以单独发挥作用，也可以相辅相成。所以，滋养型亲子关系的沟通（即滋养式沟通）既包括语言沟通，也包括非语言沟通。

我们往往低估了沟通的价值，认为沟通就是说话。但其实，沟通事关一个人的存在状态。

苏格拉底说过一句话："你说话吧，我想看见你。"

从感受的角度来理解这句话很有意思。听觉和视觉有意义地关联在了一起，一个人说话了，才会被对方看到。对话即存在。如果想相互看见对方，那么就开展对话。如果剥夺了对方的话语权，就等于剥夺了对方的存在感，让对方消失。

弗洛伊德在《性欲三论》一书的注释中引用过一个故事。[16]

有一次，弗洛伊德听到一个3岁的男孩在一间黑暗的房间里喊道："阿姨，和我说话呀！我害怕，因为太黑了。"他的阿姨回答道："那有什么用处呢？你又看不到我。"男孩说道："有人说话就有了光明。"

这个小男孩的纯真童言，让我们看到，对话是如何制造出一种存在感的。

当他的阿姨说话的时候，阿姨就是存在的，黑暗也无法遮掩她的存在。

所以，所谓对话，就是要把对方置于一种关系状态之中。滋养式沟通，就是一种平等、平和、平衡的对话；滋养式沟通，就是通过对话来相互滋养，让自己存在，让对方存在，让双方存在。

这就是基于感受的滋养式沟通。我们相信，滋养式沟通能够让关系之中的两个自我都得到救济、得到疗愈、得到升华，当然也能够让两个自我感觉良好。

这是滋养理论的终极目标，也是一切关系的终极追求！

参考文献

[1]【美】西尔维娅·布洛迪.我的童年受伤了——婴儿全能感与童年冲突[M].世界图书出版公司，2014：序言

[2]【美】巴塞尔·范德考克.身体从未忘记[M].机械工业出版社，2018：91

[3]【美】简·布鲁克斯.为人父母[M].机械工业出版社，2015：4

[4]【美】沙法丽·萨巴瑞.父母的觉醒[M].上海社会科学院出版社，2017：43

[5]黄蘅玉.对话孩子：我在加拿大做心理咨询与治疗[M].上海社会科学院出版社，2015：91-95

[6]【美】鲁道夫·德雷克斯，薇姬·索尔兹.孩子：挑战[M].三联书店，2015：155-156

[7]【美】菲利普·布隆伯格.让我看见你[M].华东师范大学出版社，2017：1

[8]【美】约翰·布雷萧.家庭会伤人[M].四川大学出版社，2007：156-157

[9]【美】苏珊·卢卡斯.心理治疗中的首次访谈[M].中国轻工业出版社，2014：63

[10]【美】菲利普·布隆伯格.让我看见你[M].华东师范大学出版社，2017：180

[11]https://v.youku.com/v_show/id_XMjUyNjkwNDIzMg==.html?spm=a2h0k.11417342.soresults.dposter

[12] http://www.sohu.com/a/126919627_232985

[13] https://www.guokr.com/article/443012/

[14]【美】贝利·布拉泽顿.聆听孩子的心声 [M].京华出版社，2006：4

[15]【美】韩纳馥.唤醒童心 [M].中国人民大学出版社，2009：3

[16]【奥】西格蒙德·弗洛伊德.性欲三论 [M].国际文化出版公司，2000：83

第二章

你是什么样的父母——

父母的四种类型

毋庸置疑，当孩子赤条条来到这个世界上，他是需要父母的指引辅导才能完成社会化的过程，融入社会生活之中的。

父母对孩子最初几年的引导方式，也就是我们说的养育方式，将在很大程度上影响孩子将会成为一个什么样的人，将会如何与他人、社会打交道。

我们知道，一切关系的本质就是自我的变量。人总是以自我为中心的，当我们把关系中的对方当作自我的变量的时候，某种程度上对方就消失了，就不存在了，这也意味着对方的自我是不重要的。

但是，没有人愿意在关系中被消失，被贴上不重要的标签，这等于是剥夺了他们的存在感，让他们的感受糟糕。所以，处于某种关系之中的两个个体，会展开对自我的变量的争夺博弈，以期达到某种平衡。这也是一种感受的博弈。

当这样的感受博弈发生在亲子关系中时，由于孩子天然处于弱势地位，父母的养育方式将会对孩子造成极其重大的影响。

从亲子双方的不同感受出发，我们可以看到四种不同类型的父母，分别是：

（1）控制型父母——父母的感受重要，孩子的感受不重要；

（2）放任型父母——孩子的感受重要，父母的感受不重要；

（3）冷漠型父母——父母的感受不重要，孩子的感受也不重要；

（4）滋养型父母——孩子的感受重要，父母的感受也重要。

那么，你是什么类型的父母呢？

控制型父母

所谓控制型父母，就是优先满足自身感受的父母。

控制型父母有两个特点：

第一，他们把自己的感受放在第一位。

第二，他们把孩子的自我完全视为自己的自我。所以表现在外的是，他们用自己的感受替代孩子的感受，对孩子的真实感受置之不理。

但是，孩子虽然弱小，也是有自我的。一旦孩子把自我呈现出来，表达了与父母不一致的感受，控制型父母就会采取各种措施来实施控制，胁迫或诱使孩子放弃自己的感受，服从父母的感受。

控制型父母一般不愿意花时间与孩子交流。在他们看来，给孩子做解释，无助于他们在孩子面前保持绝对权威的形象。如果孩子违背了他们所制定的规则，他们会马上采取极其严厉的措施，包括嘲讽、羞辱、责骂或者体罚。

控制型父母看似强大，但其实外强中干。他们实际上是自我匮乏的。他们的自我在早年成长过程中，也受到了他们的父母的侵袭而发育不全。正因如此，他们才会竭尽全力地攫取孩子的自我，以作补偿。

控制型父母内心是缺乏安全感的。他们只有通过对亲密人际关系中的他人实施控制，才能缓解内心的恐惧。

绝大多数的人在成长过程中，都没能获得充足的安全感。所以，控制型父母在全体父母中的占比特别大。而且，其他类型的父母，也会在某些情境中表现出控制孩子的倾向。

控制型父母的代表人物非耶鲁大学的华裔法学教授虎妈蔡美儿（Amy Lynn Chua）莫属。她因为把自己严厉控制培养两个女儿的经历写成了一本叫作《虎妈战歌》（*Battle Hymn of the Tiger Mother*）的书而让自己成为众所周知的争议人物。

蔡美儿给两个女儿制定了极为严格的家规，以下这十条是她绝对不容许孩子做的事情：[1]

（1）在外面过夜；

（2）参加玩伴聚会；

（3）参加学校的戏剧表演；

（4）抱怨没有参加学校的戏剧表演；

（5）看电视或玩电脑游戏；

（6）选择自己喜欢的课外活动；

（7）任何一门功课的学习成绩低于"A"；

（8）除了体育和戏剧，其他科目不是第一；

（9）练习除了钢琴或小提琴以外的乐器；

（10）不练习钢琴或小提琴。

从这十条"虎妈禁令"来看，蔡美儿的两个孩子在学业、才艺以及社交上是没有任何自由的。特别是第3条和第4条，以及第9条和第10条的组合，简直就是霸王条款——不允许参加学校的戏剧表演，而且还不允许抱怨！不允许不练习钢琴或小提琴，也不允许练习这两样乐器之外的乐器！完全是妈妈说了算，完全以妈妈的意志为最终标准。

但这还不算完，蔡美儿还提出了补充规定：

（1）完成学业总是第一位的；

（2）考试中的"A－"是不合格的；

（3）必须要在数学上比同班同学领先两个学年；

（4）绝不能在公共场合夸奖孩子；

（5）如果孩子与老师或教练发生冲突，做家长的必须坚定地站在老师或教练一边；

（6）父母唯一允许孩子参加的课外活动，是那些他们能赢得奖牌的项目；

（7）而且必须是金牌！

蔡美儿看似生活在美国，但她的所作所为却演活了一个典型中国家长的角色。当然，即便把蔡美儿归到中国家长中，她也属于最极致苛刻的那一部分。

蔡美儿完全以价值判断为导向，在设定这些要求的时候，显然没有征求过孩子的意见，也没有考虑过孩子的感受，而是强行把自己的要求加给了孩子。那么，她这样做，孩子是什么样的反应呢？

孩子天然的感受系统是非常敏锐的，对于外界的巨大压力，不可能没有感受。

蔡美儿的小女儿露露在被强力逼迫每天练习五六个小时的小提琴后，经常和妈妈发生激烈的语言对抗。有一次，在练习过程中，露露突然暴怒地大喊："别说了，妈妈，你别说了！"其实，蔡美儿什么也没说，一个字儿也没说。露露不依不饶，说："你在心里不停地说，我知道你在想什么！"蔡美儿知道露露的感受是对的，虽然她嘴上一点声音也没发出来，但她一直在按老师的教学要点，在心里评判露露拉琴时右肘抬得太高，用力不对。

像露露这样敏感的孩子，哪怕蔡美儿什么也没说，她都能感受到妈妈心里的意念产生的一种压迫性的气场。更不用说蔡美儿发布直截了当的专横命令了。

蔡美儿的大女儿索菲亚比较温顺，基本上不敢对抗妈妈的命令。但是，6岁的她却把对妈妈强力施压的愤怒转嫁到了昂贵的钢琴上——她用力咬钢琴，在钢琴上留下了鲜明的牙印！这种反抗难道不让我们感到触目惊心吗？

索菲亚记得最清楚的妈妈的三句口头禅是：

（1）天哪，你怎么弹得越来越糟糕！

（2）快点儿，我数三下，你就得找准音调！

（3）如果下次你再弹错一个音符，我就要把你所有毛绒玩具扔到火里化为灰烬！

蔡美儿在书中写道："我对孩子比较极端的教养方式有一个可爱的副产品，那就是索菲亚和露露的关系非常亲近。因为她们得团结起来，手挽手地对付专横而狂热的妈妈。"当孩子们在背后为了发泄愤怒而指责"她真是神经错乱"的时候，蔡美儿会理直气壮地对孩子说："我的目标，是做一个为你们的未来着想的妈妈，不是要讨你们的喜欢。"

这句话明显是有问题的。为孩子的未来着想和讨孩子喜欢为什么非得是完全对立的两件事呢？为什么不可以找到共同的区间呢？

蔡美儿看到的是"可爱的副产品"，但这只是基于她自己的感受，未必就是两个孩子的感受，也未必有多少人会同意她的这个判断。孩子们指责她"神经错乱"就已经充分说明了问题。

蔡美儿这么做的目的，在她自己看来，是为了孩子的未来着想，但孩子并不这么想。蔡美儿特别希望露露能够在她的成人礼上演奏《希伯来旋律》，却遭到早已步入青春叛逆期的女儿的殊死抵抗。露露甚至用高得惊人的分贝狂喊："我讨厌小提琴，我不拉了，放弃了！"但是最终露露也没能抵得过妈妈的淫威。她在成人礼上镇静而自信地演奏了《希伯来旋律》，赢得了来宾的高度赞赏。当然，蔡美儿作为栽培出了如此出色女儿的妈妈也获得了如潮的赞叹。

仪式结束，客人们都走了之后，蔡美儿一直等女儿到自己的房间来说话，但是露露一直没去。蔡美儿不甘心，自己去露露的房间找她。

"今天你演奏了《希伯来旋律》，你感到快乐吗？"

孩子的回答是："妈妈，你可以得到大家的赞扬了。"

蔡美儿以为孩子会很开心，会很快乐。但这是建立在她把孩子的自我完全作为她的自我的一部分所感受到的。在孩子看来，这件事就是为了让妈妈得到客人们的赞扬。这是妈妈的开心与快乐，与她毫无干系。

蔡美儿就是典型的控制型父母，强行把自己的感受加到孩子的头上。在潜意识中，她认为自己的感受重要，孩子的感受不重要。如果用一句内心独白来描述控制型父母的心态，就是：

你想做什么都可以，只要一切听我的。

虎妈的育儿故事被公开报道后，西方的公众和媒体一致认为她的两个女儿会成为没有朋友、像机器人一般、神经病、有自杀倾向的孩子（friendless, robotic, mentally ill, suicidal）。后来，虎妈的两个女儿都被哈佛大学录取，大女儿索菲亚在哈佛毕业后，又进入耶鲁大学就读研究生。

很多人会觉得，这不正好说明虎妈对孩子的压迫式教育是成功的吗？从而控制型父母也是可取的！

虎妈的教育或许是成功的，但这仅仅是孩子在学业上的成功。难道考上世界顶级名校就是养育孩子唯一的目的吗？就算是养育成功了吗？

美国心理学家威廉·格拉瑟（William Glasser）说："我们实施控制的企图毁坏了我们与孩子的唯一联系，而正是这种联系才让我们对他们和我们之间的关系有一点掌控力。如果你希望孩子长大后快乐、成功并与你亲近，就不要去做任何你认为会让双方关系疏远的事情。控制型的父母几乎不可能接受这个原理，因为它意味着不评判、不威胁、不抱怨、不贬低、不惩罚也不利诱任何你想与其保持亲密的人，包括你的孩子。" [2]

格拉瑟的观点提醒我们，孩子成功、快乐和与父母亲近，只有同时满足了这三点，才算是养育的成功。从学业的角度看，虎妈的两个孩子是成功的。但她们能够将成功延续到赛道更长的事业和整个人生上吗？她们快乐吗？在她们离家开展自己的生活后，还会和父母亲近吗？这几个问题还需要等待时间的验证。

实际上，从无数现实案例来看，家庭养育带给一个人的创伤，并不一定会抑制他的成功，甚至还可能激发他的成功。但是，不正确养育方式带给一个人的心理阴影甚或心理创伤，一定会影响他的幸福。

那么多世俗意义上的成功者（处于社会地位、财富、声誉的金字塔尖的人）并不快乐的原因就在于此。

需要特别点明的是，虎妈的两个女儿身处的大环境是美国。虽然虎妈强势控制，但是她的丈夫并不赞同她的做法。同处一个屋檐下，虽然虎妈因为直接照料两个女儿而获得了优先权，但两个女儿毕竟可以在父亲那里寻求补偿与安慰。同时，孩子在学校里得到的还是美式教育的宽松氛围，这也可以给予孩子感受上的救济。

反观中国，以学业为名，对孩子实施行为控制，不但是父母亲的共识，也是绝大多数学校及老师的共识。从而，在这个问题上要想实现家校联手，几乎不用任何沟通。父母们完全可以做到如虎妈所言的"如果孩子与老师或教练发生冲突，做家长的必须坚定地站在老师或教练一边"。也就是说，在美国虎妈只是一个个体行为，而国内父母和老师对于孩子在控制上的集体行为，相对于虎妈，在某些方面是有过之而无不及的。

暑假期间，我曾经在微信朋友圈里看到了一所著名中学的一位班主任发给家长的暑期建议，其中最让人惊讶的有两条：

（1）这个暑假相当宝贵，不建议长途旅行，更禁止同学间组织小团体出游的活动！

（2）关注孩子微信、QQ的群组，排查并捣毁各类游戏小团体。网络游戏是导致孩子无法静心学习的最大病源，请务必管理好孩子的手机、电脑等电子产品，禁止孩子玩一切网络游戏，接下去针对游戏问题，我将发现一起，查处一起，严惩一起。

瞧瞧这措辞，排查！捣毁！发现一起，查处一起，严惩一起！这不是公安机关打击黑社会时的常用措辞吗？难道孩子玩个游戏就成黑社会了？！

后来，我又在朋友圈看到了一份《九年级晚自修管理家长须知》，更是让我目瞪口呆。孩子的晚自修管理和家长有什么关系呢？往下看就知道了。

（1）6:20 开始晚自修，7:20-7:30 休息。家长及时登记不能及时进入晚自修状态的学生名单，将名单发布到班级微信群内。

（2）晚自修期间，希望两位家长一前一后坐在教室里且全时段不串班，不看手机或长时间接电话，全程关注孩子写作业状态，及时提醒学生端正坐姿。每隔20分钟巡视教室一周。务必保证孩子们作业的真实性。做好值班情况登记，及时发布到家长群，并做到有文字、有照片。

（3）8:40 晚自修结束，家长1在教室门口监督学生排队，把学生送到校门口后再解散。家长2在所有孩子离开教室后关好电灯、空调和门窗。

（4）根据家长记录情况，群里公布的情况，每天的值班家长必须将前一天的问题生带在身边，包括吃饭，从食堂到教室、在教室内的晚自修。

……

在读这份家长须知的时候，如果你用"看守"或"狱警"来替代文中的"家长"，用"囚犯"来替代"学生"，是不是没有丝毫的违和感？事实上，被这样严格管制的学生，和囚犯又有什么区别呢？

所以，家长应学校的要求参与学生的晚自修管理，美其名曰"管理"，实际上就是监控。

美国教育家约翰·霍特（John Hult）在20世纪60年代写过一本非常有影响力的书——《教育的使命——一位美国名师的课堂反思》，其中写道："很多家长及老师一样，都对孩子抱有一种非常不尊重也不真实的想法，即孩子们从来不会主动做任何事——任何有用的事，除非师长鞭策他们。"

无数的控制型父母和控制型老师正在将霍特描述的这种想法付诸实践。他们的联手，对孩子来说，就像是一张疏而不漏的天罗地网。在这样的整体氛围下，孩子所受的伤害显然更大，孩子更加无力逃脱，也丝毫感受不到自己的存在感与价值感。

家长的控制感越强，孩子就消失得越快。

媒体曾经报道了一名离家出走的 11 岁女孩，临走前，她给妈妈留下一封信：

> 妈妈，我走了，你不用来找我了。因为学习已经成了我们小学生的压力，我不希望在这样的环境里生活！你们就当没有生过我这个女儿！请不要再把压力给我们小孩子了！
>
> 再见爸爸妈妈！
>
> ——爱你们的女儿

在信的下面，还有小女孩用稚嫩的笔法画的一幅画。

这幅画的主题是"家"，但是画面却令人心酸。这个家庭有四口人，但小女孩只画了爸爸妈妈和哥哥三个人，而让自己彻底消失了。对于父母来说，耗费了无数的心血，却养出了一个"不存在"的孩子，这是何等地悲哀呢！而这一切就源于父母不正确的养育方式。

后来，这个孩子被找到时，大家发现她躲在楼道的杂物里，蜷缩着身体，满脸泪水。女孩说，她在班级学习成绩名列前茅，但妈妈总是不满意，时常拿她和别的孩子比，一旦比不过别人，各种体罚、侮辱性的话就像刀子一样丢过来。她实在不堪重压，才想到离家出走。

控制型父母会严重破坏孩子的感受系统。

有一个走失了 30 多年的孩子，在泪水涟涟中吐露了她走失的真相。

30 多年前，这个小女孩跟着姐姐一起去打酱油。路上，小女孩不小心丢失了父母给她打酱油的一块两毛钱。姐妹俩都很紧张害怕。姐姐对妹妹说："你完蛋了，回去爸爸会打死你的！"

妹妹吓得转身就跑，一直跑到火车站，随便跳上了一辆火车。后来她也不知道自己到了什么地方，七八岁的孩子就这样无依无靠地在异乡漂泊，直到 30 多年后才找到了回家的路。

让我们深感不可思议的是，为什么她会这么害怕？为什么她会觉得自己在父母心目中的价值还赶不上一块两毛钱呢？

原来，她的父亲是动辄就用棍棒和孩子打招呼的严厉父亲。平时，她在家里不小心摔破一个碗，打碎一个小碟子，都会让父亲暴跳如雷，轻则讽刺挖苦，重则又打又骂。

可以推知，这个女孩的父亲是想用严格的规训来控制孩子今后不犯同样的或类似的错误。但是，当家长的价值判断（摔破了有用的东西是不对的，必须受惩罚）以一种过度的形式体现出来，孩子的感受系统就会被迫接受这样的价值判断，并将这样的价值判断当作神圣不可侵犯的律令。

如果一个孩子经常因为打破一个碗而受到严厉的惩罚，孩子必然发展出自己的价值比不上一个碗的价值判断。于是，因为弄丢了一块两毛钱而不敢回家也就成了她保护自己的唯一选择。

英国文艺复兴后期的著名作家约翰·班扬（John Bunyan）说："假使父母慈爱地对待孩子，在爱怜的责骂中混合着宽恕，将爱怜的责骂带上父性与母性的同情，那么他们更可能拯救自己的孩子，而不是粗暴和苛刻地对待孩子。"

但是，对很多父母来说，要做到这一点并不容易。因为控制感对于绝大多数人来说，是确保生存的精神必需品。这也正是为什么控制型父母在所有父母中占比最高的本质原因。

哈佛大学心理学教授埃伦·兰格（Ellen Langer）和同事做过这样一个实验。他们把一个养老院里的老人分成两组，一组是实验组，一组是对比组。[3]

兰格鼓励实验组的老人们去做更多发自内心的选择。比如，老人可以自主选择接待客人的场所：室内或是户外、他们自己的房间、餐厅、会客厅，等等。他们还可以自己决定看不看每周的电影，如果要看，他们还可以决定具体的时间。除此之外，实验组的每个老人都需要看护一盆植物。他们可以自己选择浇水的时间以及浇水量，还有把植物放置在窗户旁或者阴凉处。

对比组的老人们也被分配了一盆植物。不过，他们被告知养老院的护理人员会照顾这盆植物。同时，这些老人也不被鼓励自己做决定。他们被告知，护理人员会尽一切可能来帮助他们。

实验持续了3周的时间。结果显示，实验组老人的幸福感、灵敏度、积极性都明显比对比组老人要高。也就是说，实验证明了控制感对于保持老人的活力具有明显的促进作用。

这个实验本来到此就结束了。但是，当兰格他们一年半之后重回养老院，再一次对老人进行调查后，又有了一个惊人的发现。

那些被赋予了控制权和责任感的实验组老人，依然表现更加主动，同对比组老人相比，他们更积极、更有活力、更善于社交。在实验开始之前，两组老人是随机选择的，健康状况相差无几。但是，18个月后，兰格发现，实验组老人的死亡率比对比组老人的要低。实验结束后，实验组的47名老人中只有7名去世了，而对比组的45位老人中已经有13人去世了。

这个关于控制感的实验可以给我们什么启示呢?

控制感其实是一个人的生命活力的象征,是贯穿终生的。上述实验中的老人,因为被赋予了控制外部事物的权力而觉得自己具备控制的能力,从而表现出更好的健康状态以及生存状态。我们也可以试想一下,一个孩子从呱呱落地开始,不正是经由慢慢形成了控制自己的身体(手脚动作、面部表情、如厕排泄等)的能力,而让自我意识萌发,并进一步激发想去控制外部世界的雄心壮志吗?

适度的控制感,确保了孩子的健康成长。当控制型父母无情剥夺了这种成长必备的精神养分,孩子还怎么可能身心健康呢?

放任型父母

所谓放任型父母,就是优先满足孩子感受的父母。

放任型父母的特点是:

第一,他们把孩子的感受放在了第一位;

第二,他们把孩子的自我当作主导,希望通过协调自己的自我,来不断满足孩子的各种要求。

就感受而言,只要孩子的感受是好的,他们自己的感受是无所谓的,不重要的。甚至,他们可以自己顶着不好的感受,而让孩子感觉好受。这就意味着,他们几乎不会去约束孩子的行为,对于孩子的违规行为听之任之,也不要求孩子为自己的行为承担责任。

如果用一句内心独白来描述放任型父母的心态,就是:

你想做什么都可以，只要开心就好。

从亲子关系的本质来看，放任型父母依然是把孩子当作了自我的变量。他们以爱之名，对孩子各种宠溺，本质上是想通过补偿孩子的自我，来满足自己的自我缺憾。

也就是说，溺爱往往是缺爱造成的。

溺爱孩子的父母，并不是因为爱多得满溢而出，反倒往往是在他们自己成长的过程中严重缺乏父母的关爱。他们自己的缺爱，已经无法弥补，所以他们转而以孩子为载体，来加以补偿。

放任型父母与控制型父母恰好是两个相反的极端。控制型父母极力控制孩子，放任型父母极力放任孩子。但这两者之间存在着极为密切的关联。

放任型父母的父母往往是控制型父母。成年之前，他们深受控制型父母之苦，却又无力宣泄。成家之后，当他们自己拥有了决定养育方式的权力之后，就很坚决地决定，再也不让自己的孩子遭受自己曾经遭受过的痛苦了。于是，他们义无反顾地转向了另一个极端。

但不幸的是，相反也是一种模仿。从被自己的父母控制，到放任自己的孩子，最终的养育结果近乎殊途同归，都不容乐观，都不能很好地呵护孩子的感受系统的正常成长。

有一位 40 多岁的妈妈，体检的时候突然查出了宫颈癌，医生建议马上住院做手术。第二天一大早，心情忐忑的妈妈和爸爸收拾衣物，准备去医院，他们的女儿却没有什么反应。

爸爸喊女儿抓紧换衣服，陪妈妈一起去医院。没想到女儿不耐烦地说："我去干嘛，我又不是医生，我不去。"

爸爸见女儿这样不在乎妈妈的病情，气得要爆炸，但妈妈马上来打圆场，说："好了好了，不去就不去吧，小孩子去了也不顶什么事。"爸爸硬是忍了下去。这时赶来帮忙的小姨（妈妈的妹妹）觉得应该让孩子去陪一下妈妈，于是拉着孩子的手，哄着说："好孩子，和小姨一块儿去吧，陪陪你妈，你妈害怕呢。"

没想到孩子把手一甩说："我都说了，我不想去！" 低头又玩了一会儿手机，说："妈，你们都去医院了，那谁来给我煮中饭呀？"

妈妈得了令人不寒而栗的癌症，孩子不但不关心，反而担心中午没人给自己做饭吃。这孩子的言行听上去是不是让人很寒心？

但这还不算完。

中午的时候，妈妈在医院做术前检查，这个孩子打来电话问小姨："小姨，问问我妈，我中午吃什么？"

小姨气得都没脾气了，叹了口气对她说："你都这么大了，自己去外婆家吃都不会吗？你妈可是生病了呀。"

孩子却又抱怨上了："哎呀，外面很晒的，热死了，小姨，还是你回来开车送我去外婆家吧。"

这个孩子的感受系统显然是畸形的。在她心中，一切以自我为中心，身边所有的人，都有责任和义务呵护她的感受，满足她的需求，她却丝毫不考虑别人的感受与需求。

孩子是一生下来就这样的吗？

显然不是。

这个孩子的父母，或者两个，或者其中之一，必然是放任型父母。孩子之所以会表现出极端的自私自利，眼中没有他人，是因为她极度缺乏边界意识。父母的自我，完全成了孩子的自我疯狂滋长的原料。父母牺牲自己的一切，来供奉孩子，孩子就会觉得坐享一切是正常的。

人的第一反应就是力所能及地让自己感觉好受。在放任型父母的养育之下，孩子的"力所能及"在婴幼儿时期被放大至全能无穷。等到孩子渐长，他的感受标准业已养成，就不太会妥协让步了。所以，妈妈得了癌症要住院手术，并不会影响到她的感受，因为她已经习惯了别人来照顾她的感受，而不是相反。但是，没有人伺候她吃中饭，就会让她感到不爽，所以，她会特别关注这个问题的解决方案，希望以最小付出来获得满足。这就是孩子为什么会不合情理（这是世俗的情理，这是他人的情理，不是她的情理）地要求小姨开车送她去外婆家吃饭。

弗朗索瓦兹·多尔多（Francoise Dolto）说："母亲过度满足孩子的需要，这种做法是在强暴孩子的欲望。"这句话很精彩地点出了放任型父母的错误根源。

父母给予孩子过度满足，会导致孩子的欲望失去基本约束，恶性膨胀，最后必然是索求无度。

据媒体报道，上海发生过一起 68 岁父亲砍死 39 岁独生儿子的悲剧事件。[4]

知情邻居透露，这个老父亲周大伯一直很宠爱这个儿子，却经常遭到儿子的打骂。事发当天，老父亲给儿子买了早饭，结果儿子抱怨不合胃口而对父亲又打又骂。此前累积的种种不满，让老父亲瞬间爆发，直接拿起刀砍向儿子，儿子当场被砍死。

为人和善的周大伯会杀人，而且杀的是亲生儿子，这让很多人不敢相信。

在邻居眼中，周大伯一直是个大好人的角色。周大伯的老伴身体不好，11 年前因为意外坠楼而瘫痪在床。周大伯悉心照料瘫痪的老伴，任劳任怨，从不叫苦叫累，一直坚持到老伴去世。

周大伯有三个孩子，两女一男，但他重男轻女的思想比较严重，对儿子特别宠爱。儿子已经 39 岁，既没成家，也没立业，年轻时因为触犯法律而两次被公安机关处理，之后便吃低保闲待在家中，不外出工作，专门"啃老"。

周大伯夫妇将自家的两套房子卖掉了一套，售房款都给了儿子。结果，不到两年，这笔钱就被儿子挥霍一空，从此他便赖在家中。老伴过世后，周大伯希望儿子能痛改前非，自力更生。但是，儿子不但不改，反而多次逼迫周大伯卖掉剩下的一套房产，逼老人住到女儿家去。周大伯不同意，儿子就经常动手打他。

父子双方积怨颇深，终于酿成了这一人间惨剧。

如果要剖析根源，周大伯对孩子的放任型养育其实是重要原因。

在养育孩子的时候，周大伯对儿子百依百顺，有求必应。孩子犯了错，提出无理要求，他还是一味地娇惯、偏爱和护短。

一个人的感受系统就是他人生旅途上的 GPS。溺爱造成孩子的感受系统失灵，就等于是用于导航的 GPS 失灵了，自然会把孩子引向歧途。

放任型父母养育出来的孩子，有一个明显的特点是生活不能自理，缺乏最基本的独立生存能力。比如，上述案例中的那个女儿不知道怎么解决中饭问题，而周大伯的儿子都 39 岁了，还要老父亲来给他买早点。

再能干的父母，也没办法包办孩子的一辈子。养育孩子的基本目的就是要让孩子成为一个独立的人。放任型父母，看似特别疼爱孩子，其实是以"爱"的名义，剥夺了孩子的独立权，让孩子当了"包身工"，并且把孩子的感受系统推向了自私自利的极端。

放任型父母往往秉持一种错误的观念，以为孩子长大后，自然就会懂事懂规矩了。每当孩子出现行为问题的时候，他们的脑海中就会浮现出一句"他还是个孩子呀"，然后就无条件地宽容、原谅。殊不知，一个从未碰过壁的孩子，是没法建立内心的规则的。各种社会行为规范，在家长的护佑下，从来不能侵入孩子的信念之中。父母以为孩子长大了就会好了，事实上往往是长大了就好不了了。

一个对社会常识缺乏敬畏之心的孩子，随着他身体能力和欲望需求的增长，将会给自己、家人、社会造成多大的危害呢？

从当下的实际情况来看，放任型父母出现了增长趋势。他们曾经深受自己的控制型父母之苦，在逐渐接受了"天性教养"的理念后，错误地以为顺从天性，就是对孩子丝毫不加限制，任由他们恣意成长。

正如纪伯伦所说的"自由是人类枷锁中最粗的一条"。自由本是人人渴求的好东西，为什么会变成枷锁呢？

当你滥用自由的时候，自由就成了枷锁。

放任型父母对孩子的溺爱，就是在滥用自由。自由看似是一个人的事情，实际上是建立在人际关系基础上的。只有在人际关系中的双方，都感到自由而惬意，这才是正常、正确的状态。

被放任惯了的孩子，在没有遇到阻碍之前，一定会肆无忌惮地拓展自我的疆域。父母只有在尝到了苦果之后，才会有所触动。而这个时候，再想改变，亲子双方都会深感痛苦。父母会觉得孩子太不懂事了，缺乏对父母养育之恩的回报之心。孩子则会觉得，父母变了，本来是予求予取的，现在却对自己提要求，这无疑是一种伤害。

温室里的花朵，从未经历过烈日飓风，一丝一毫的风吹草动，都会触动它的敏感神经，让它深感不适。为了让自己感觉好受，自然会做出在大众看来极为荒唐离谱的举动，但是它自己却会觉得天经地义，自然而然。

冷漠型父母

所谓冷漠型父母，就是对孩子的感受漠不关心的父母。

冷漠型父母的特点是：

第一，他们对孩子和对自己的感受都不在意。

第二，他们事实上已经丧失了感受自己感受和他人感受的能力。

冷漠型父母往往是带有比较严重的心理创伤的人。他们罹受的心理创伤，毁坏了他们的感受系统，让他们没有办法对情感交流做出正确、及时、敏锐的反应。

有一位年轻妈妈，说自己的孩子和她一点也不亲近，并为此感到烦恼。

这种情况，在当下其实并不少见。原因往往是孩子在婴幼儿期过早与母亲分离，母婴之间未能形成安全型依恋。很多职场女性，因为产假很短，为了保住工作，只能狠心和宝宝分离，把孩子交托给爷爷奶奶或外公外婆。

但这位妈妈的情况有点特别，孩子一直是她自己带的，在孩子 3 岁之前从未分离。如果母亲和孩子每天都是亲密接触，一般不会造成孩子与妈妈不亲近。这是比较罕见的情况。

后来才知道，她和孩子确实是每天在一起，但不是亲密接触，最多只是密切接触。原来，这位妈妈在上中学时曾经遭遇强暴，留下了巨大的心理创伤，对婚姻和生育都有一种恐惧感。在生完孩子后，她患上了严重的产后抑郁，每天的心情都非常抑郁，整天想着去死。她几乎完全丧失了爱以及感受爱的能力。每天她都得非常努力才能说服自己不要去做自杀的傻事。

在这样的情况下，尽管她每天和孩子在一起，但孩子根本感觉不到她的母爱。这位妈妈就是一个被巨大心理创伤伤害的冷漠型父母。

在金庸的武侠小说中，有两个典型的冷漠型父母。

其中之一是《侠客行》中石破天的母亲梅芳姑。梅芳姑实际上不是石破天的亲生母亲，她暗恋侠士石清，但石清另有所爱。梅芳姑情场失意，就抢来了石清和闵柔的儿子，在荒山野岭中离群索居。孩子不明就里，自然将梅芳姑当作了他的母亲。

梅芳姑将孩子作为石清的化身，对他感觉复杂，一方面因喜欢而呵护，一方面因愤怒而报复。这种报复首先体现在她给孩子所起的名字上——狗杂种。

试问，有哪一个精神正常的母亲会给自己的孩子取这样一个充满侮辱意味的名字呢？但好在这"母子"两人远离人烟，石破天缺乏社会对比而没有对自己竟然拥有这样一个名字而深受伤害。

梅芳姑的精神会间歇性地陷入不正常的状态。在这个时候，她对石破天的态度十分恶劣。石破天自己说："我母亲有时吃香的、甜的东西，倘若我要问她要，她非但不肯给，反而狠狠地打我一顿，骂我：'狗杂种，你瞅我干嘛？你干嘛不求那个娇滴滴的小贱人去？'"这是将对石清因爱而生的恨发泄在石清的儿子身上了。

梅芳姑精神正常的时候，常常告诉石破天："狗杂种一生一世都不要去求别人，人家心里想给你的，你不用求人家自然会给你，人家不肯给你的，你就算是苦苦哀求也没有用，反而惹得人讨厌。"这是将自己的惨痛经历化作一条普适的社交规则教给了孩子。在被多次说教以及挨打后，石破天养成了"万事不求人"的痼习。

但是，所谓的"求人"，实际上是一种正常社会交往能力的体现。万事不求人，无异于与整个社会切断联系。这样的人，怎么可能在正常的社会环境中生存呢？

所以，在梅芳姑这个冷漠型父母的养育下，石破天心理正常的可能性极小。小说中后来描述石破天在随后的种种社会交往及奇遇中表现出来的温情与和善，其实是不符合心理规律的。

一个在情感上被冷漠化的孩子，就像一块坚冰一样，只会用冷漠来对待别人。他自己感受不到温暖，也不会带给别人温暖。

在冷漠型养育环境中成长的孩子，往往会成为给社会制造麻烦的边缘人，很容易就滑入违法犯罪的深渊。

金庸小说中还有一个边缘型父母就是杨铁心的妻子、杨康的母亲包惜弱。

包惜弱生性柔弱，连自己养的小鸡小鸭都舍不得杀，却因为一时好心救了金国王子完颜洪烈而导致家破人亡。她目睹官兵大肆杀戮，误以为官兵把丈夫杨铁心杀害。这一幕惨剧彻底击碎了她本就脆弱的心灵。此后，完颜洪烈感念她的救命之恩，一路带着她回到金国，娶她为妻，也不嫌弃她肚子中的遗腹子杨康。但是，包惜弱以为自己的一念之差害死了丈夫，整个精神系统已被摧毁，她就是丧失了灵魂活力的行尸走肉，每日沉浸在往事之中不可自拔，几乎不怎么关注她的儿子杨康。完颜洪烈虽然对杨康不错，但他毕竟公务繁忙，不可能长时间陪伴。

杨康等于是在半孤儿状态下长大的。所以，我们后面看到杨康表现出冷酷狠毒的性格，在亲密关系上的无情无义，其实是必然的性格发展。

梅芳姑和包惜弱虽然只是小说中的人物，却是现实生活的缩影。在她俩身上，呈现的是冷漠型父母的典型特征。她们都是重大心理创伤事件的受害者，她们并不是不想付出关爱，她们是缺乏足够的心理能量来付出关爱。

如果用一句内心独白来描述冷漠型父母的心态，就是：

你想干什么就干什么，和我没关系。

冷漠型父母失去了感受自己感受的能力，也失去了感受他人感受的能力，这会对孩子造成非常严重的负面影响。

美国心理学家哈里·哈洛（Harry Harlow）用猕猴做实验，强力证明了这一点。（猕猴和人类的基因有94%是相同的，它对外界刺激所做出的反应与人类也非常相似）[5]

哈洛最初是研究猿猴的智力的。他偶然发现被人为隔离、和母猴分开的幼猴非常喜欢铺在地上的一块绒布毛巾。孤零零的幼猴会紧紧抓着绒布毛巾不放，如果有人强行拿走这块毛巾，幼猴就会大发脾气。

这个现象让哈洛非常纳闷，因为在人类的婴幼儿中也会出现类似的情况。对此的思考启发了哈洛的灵感。他根据人体工学原理，用铁丝缠绕出一个类似于成年母猴的形状——躯体是四四方方的，腹部上方有一个形似乳房的物体，尖端部分嵌着钢制的乳头，并穿了小洞，可以让奶水流出。这个就是"铁丝妈妈"。

哈洛还用厚纸圆筒套上绒布毛巾，做了另外一个触感柔软的母猴。这就是"绒布妈妈"。

这两个"妈妈"被放置在同一个铁笼中。然后，哈洛把一群刚出生的小猕猴放进笼子。刚刚和真正的妈妈分离的小猴表现出了极度的情绪不稳定，它们时而尖叫，时而抱在一起缩成一团。几天之后，当小猕猴知道妈妈不可能再出现之后，就把情感投向了"绒布妈妈"。它们爬到"绒布妈妈"的身上，趴在她身前，用手抚摸她的脸，轻咬她的身体，或者在她的腹部背部磨蹭好几个小时。这些动作与小猕猴对真正的母猴所做的完全一样。

但是，"绒布妈妈"无法供应奶水。幼猴肚子饿了，会冲向"铁丝妈妈"，吸取乳汁。但是只要一吃饱，就立即回到"绒布妈妈"的怀抱。

哈洛觉得自己的观察是对当时最主流的行为主义心理学理论的根本性颠覆。

行为主义心理学创始人约翰·华生（John Broadus Watson）认为，孩子对爱的需求，源自他对食物的需求，满足了他对食物的需求，就满足了他对爱的需求，母亲只需要给宝宝提供足够食物就可以了。所以，母亲不能和孩子过度亲密，过度亲密会阻碍孩子的成长，使孩子在成人后非常依赖母亲，从而难以独立，难以成才。

华生还提出，要把孩子当作机器一样训练和塑造：得像对待成人那样对待孩子，尽量不要亲吻和拥抱孩子，不要让孩子坐在母亲大腿上，不要轻易地满足孩子。就算孩子哭泣，也决不能心软，以免他们养成依赖父母的恶习。

行为主义理论因为更符合机械论，看上去更符合心理学作为一门科学的定义，而备受推崇。但是，哈洛认为这是完全错误的。如果满足了孩子对食物的需求，就满足了他对爱的需求，为什么这些小猕猴会长时间黏在没有奶水的"绒布妈妈"身边，而不是奶水源源不断的"铁丝妈妈"身边呢？

进一步的实验让哈洛明白，只有奶水，孩子绝对活不久。母爱的本质，绝对不是简单地满足孩子的饥饿和干渴的需求，它的核心是接触性关怀：拥抱、抚摸、亲昵。

在"铁丝妈妈"和"绒布妈妈"之间，显然，"铁丝妈妈"是冷漠型父母。两者相比，"绒布妈妈"更能给小猕猴提供温情。但是，"绒布妈妈"和真正的妈妈相比，也是冷漠型父母，因为"绒布妈妈"没有生命，不会和小猕猴说话、拥抱、玩耍。

哈洛随后观察到，这些由"绒布妈妈"陪伴长大的小猕猴出现了一系列问题。

当哈洛把这些猴子放归到正常的猴群当中后，发现它们几乎无法与其他猴子相处。这些猴子孤僻、抑郁和自闭，有的还出现了自残性和攻击性，对周围的一切都抱有敌意，不能和其他猴子一起玩耍，也不愿跟其他猴子玩耍。

显然，这些猴子严重缺乏正常的社会交往能力。而且，这些猴子也失去了求偶和交配的能力。

哈洛发明了一个"强暴架"（rape rack），以此固定母猴身体，使公猴能够骑到母猴身上，完成交配。20只跟随"绒布妈妈"长大的母猴受孕后产下了幼猴，但是，其中有7只，在脐带剪断后便不再理睬自己的孩子。还有8只，经常暴力殴打和虐待孩子，更有4只，残忍地杀死了孩子。只有1只，笨拙地尝试给孩子喂奶。

哈洛的学生罗森布拉姆（Len Rosenblum）做了一个改进。除了"绒布妈妈"，他让幼猴每天可以与一只真正的猴子游戏半个小时。就是这短短半个小时的社会交往，让小猕猴完全正常了。罗森布拉姆说："真的很神奇，没想到我们的神经系统只需要这么一点点改变，就能恢复正常了。"

后来，哈洛在1958年的美国心理学会年会上，做了一个名为《母爱的本质》的演讲。他说："爱存在三个变量：触摸、运动、玩耍。如果你能提供这三个变量，那就能满足一个灵长类动物的全部需要。"

哈洛的一系列实验非常明确地揭示了冷漠型父母对孩子的严重危害。哈洛说："对灵长类动物来说，早期严重而持久的孤立，会导致孩子心理残伤和死亡，这种影响直至终生。"

事实上，哈洛本人就是冷漠型父母的受害者。他的妈妈梅布尔（Mabel Israel）个性刚强，对孩子缺乏温情。哈洛曾经在传记中提到母亲。他回想起母亲站在客厅落地窗前，注视窗外街头的神情。屋外终年寒冷，天空灰暗阴沉，大地空旷凄凉，厚重的积雪从枯枝上掉落。她给人的感觉也一样冰冷。

冰冷的母亲带给哈洛的是终生未愈的抑郁症。哈洛不善于和人相处，喜欢用语言在公开场合攻击羞辱他人。他的两次婚姻都以离婚收场，原因都是哈洛出轨。

与之呼应的是，奉行行为主义的华生也是晚景凄凉。他的三个孩子全都得了抑郁症。他的大儿子自杀身亡，二女儿也多次自杀，小儿子则一直流浪。用冷漠的机械主义来对待孩子，养育孩子，已经成为荒唐的笑话，但还是有很多父母，因为种种原因，身不由己地掉进了这个可怕的陷阱。

冷漠型父母，在所有父母中的占比并不算多，但危害极其严重。这一类型的父母，首先要解决自己的心理问题，才有可能给孩子以恰当的、足量的关爱。

需要特别指出的是，有些父母虽然是心理基本正常的父母，但他们的种种行为也为自己在孩子面前塑造出了冷漠型父母的形象，并对孩子造成了伤害。

第一种情况是：父母因为种种原因，在孩子形成安全依恋的关键期，与孩子长时间分离或者频繁分离。这对尚未能理性理解、体谅父母迫不得已离开自己的孩子来说，无异于是一种抛弃。当然，如果孩子得到了其他陪护者的精心照顾，就能极大地消除这种负面影响。

第二种情况是：父母的选择性冷漠，他们因为观念或无意识的原因，对自己的几个孩子有区别地对待。比如，有的父母重男轻女，那么对他们家的女孩来说，父母就是冷漠型的。还有的父母生了二胎之后，阶段性地忽略了老大。对老大来说，父母就变成冷漠型的了。还有的家庭中，居中的孩子往往被忽视，对这个孩子来说，父母就是冷漠型的。

相对于病理性的冷漠型父母，以上这两种情况的冷漠型父母在现实中占大多数。但是，这两种类型的冷漠型父母，给孩子带来的伤害却别无二致。

滋养型父母

所谓"滋养型父母"，就是基于滋养理论来养育孩子的父母，他们是既尊重孩子的感受，同时也尊重自己感受的父母。

滋养型父母认为孩子和自己的感受都很重要。但必须特别指出的是，在具体应对时，必须把孩子的感受放在优先地位，而不是相反。这是尊重孩子发展阶段的需要。幼小的孩子，大脑的发育尚未完成，自控能力、理性分析能力都不够完善，如果父母优先满足自己的感受再来满足孩子的感受，就会导致孩子的误解，成为事实上的控制型父母。

那么，到底什么是滋养呢？

套用智利诗人聂鲁达（Pablo Neruda）的名句，我们可以说，滋养就是春天对樱桃树做的事情。对于这句诗有各种理解，但我们在这里取其春风春雨对樱桃树的滋润培养之意。

这是对滋养的诗化描述。如果体会到了这种润物细无声的感受，并将之对照于亲子关系，我们就能厘清一个传播甚广的错误观点。

有人说，所有的爱都是为了相聚，唯独父母对孩子的爱是为了分离。这个观点赢得了很多人的认同，甚至是很多亲子养育专家的认同。有一位专家在这个基础上融入了自己的理解，这样写道："强烈的母爱不是对孩子恒久的占有，而是一场得体的退出。"

其实，这却是一个对穆雷·鲍文（Murray Bowen）所提出的分化理论的不折不扣的误解。难道樱桃树长大后，就不需要春风春雨的滋养了吗？

穆雷·鲍文提出，自我分化好的人，会与他人保持感受、情感、想法和行为上的界限，知道哪些是属于自己的，哪些是属于父母或他人的。他们对自我会有很高的认同感，能够在情绪和理性之间找到一种平衡。

显然，培养出分化良好的孩子，是绝大多数父母的理性追求。但是，分化良好并不是完全等同于分离。

那些认为父母对孩子的爱是为了分离的人，其实是混淆了"独立"和"分离"的区别，把"分离"当作了"独立"。

"独立"不等于"分离"。

分离是一种物理状态，而独立则是一种心理状态。分离是指物质形态的躯体的分开，而独立则是指在心理上具有清晰的边界。

和父母的分离，并不意味着从此就与父母不相往来，更不意味着亲子亲情的终结。分化良好的孩子，一方面和父母继续保持亲近，另一方面又有着自己的世界，和父母保持适度的边界。

那些长大了却没有成人的孩子，即便与父母分离了，内心依然是不独立的。而真正长大成人的孩子，即便天天与父母在一起，内心依然是独立的。所以，我们不要以形式上的分离与否作为判断标准，而要以内心的独立与否作为判断标准。

滋养型父母，从来不是要去占有孩子，所以也从来不需要退出。真正的母爱或父爱，根本不是什么得体的退出，而是始终如一得体的存在。

由此，我们再给出一个"滋养"的明确定义：

滋养是一种基于感受的人际关系，关系中的双方各居其位，同时很深地介入到彼此的关系之中，却不霸道，也没有操控。

父母很容易把对孩子的关爱视为"滋养"，但其实很多是不正确的，过度的关爱不但不能起到滋养的作用，反而会对孩子造成伤害。

比如，一位母亲带着孩子去看病。医生询问孩子的病情时，母亲总是抢着回答。这种过度的关爱让孩子变成了自己的旁观者，这实际上剥夺了孩子的感受。难道母亲比孩子本人更清楚他自己的感受？如果孩子习惯了让母亲来感受并表达他的感受，那他还可能成为一个独立的人吗？

这其实是家长的通病。越是疼孩子的家长，越是会犯这样的"高级错误"。

滋养型父母，不加过多的限制，放手让孩子去探索，去感受自己的感受。如果用一句内心独白来描述滋养型父母的心态，就是：

你想干什么就干什么，但要同时照顾好自己和他人的感受。

要成为滋养型父母，并不容易，首先要克制住每个人本能中的控制欲，接纳孩子作为一个独立个体，可能在很多方面与你是不一样的。

我们经常会听到有人说"孩子是一张白纸"，其实"孩子是半张白纸"。

当孩子来到这个世界的时候，上帝已经在他这张纸上画好了一半的内容，这就是孩子的先天特质与禀赋。这些特质也来自父母亲的 DNA，却不是父母亲所能决定的。而且，这也是后天的改造无能为力的部分。作为父母，你必须接纳，而不能强制要求孩子与他的天性做斗争。再努力的父母，也只能在另外半张白纸上下功夫，而且绝不能随意下功夫。

《父母的觉醒》这本书提醒父母：[6]

我接纳一个与众不同的孩子；

我接纳一个喜好安静的孩子；

我接纳一个固执己见的孩子；

我接纳一个性格慢热的孩子；

我接纳一个为人友善的孩子；

我接纳一个烦躁易怒的孩子；

我接纳一个讨人喜欢的孩子；

我接纳一个拒绝改变的孩子；

我接纳一个惧怕交往的孩子；

我接纳一个表现不好的孩子；

我接纳一个郁郁寡欢的孩子；

我接纳一个温和有礼的孩子；

我接纳一个胆小羞怯的孩子；

我接纳一个逃避畏缩的孩子；

我接纳一个专横霸道的孩子；

我接纳一个叛逆无礼的孩子；

我接纳一个乖巧顺从的孩子；

我接纳一个喜怒无常的孩子；

我接纳一个成绩中等偏下的孩子；

我接纳一个相对缺乏活力的孩子；

我接纳一个遇到压力会撒谎的孩子；

我接纳一个表现夸张的孩子；

我接纳一个特立独行的孩子；

我接纳一个独一无二的孩子；

……

　　如果你能做到，不管你的孩子是一个什么样的孩子，都能够心平气和地接纳他，这就是向着滋养型父母迈出了第一步。当然，必须要指出的是，你的孩子，之所以会成为现在的样子，既有可能是他的先天特质所致，也有可能是你养育不当的后果。但无论原因是什么，只要你想成为滋养型父母，你都需要无条件地接纳他。

　　特别是对那些经常与父母发生亲子冲突的孩子，我们要牢牢记住美国著名作家马克·吐温的一句话——"紫罗兰把它的香气留在那踩扁了它的脚踝上"，这才是真正的滋养。

因为滋养是相互的，所以，我更愿意用滋养型亲子关系来指称滋养型父母。滋养型亲子关系，更明确地提到了亲子双方。在本书中，滋养型亲子关系和滋养型父母具有相同的内涵。

四种类型父母的程度差异

在这一章里，我们提出了四种父母的类型——控制型、放任型、冷漠型和滋养型。在现实中，确实存在着完全符合上述类型的典型父母，但更多的父母却表现出了混合型的特点。具体地说，在某些时刻、某些事件上，父母可能是控制型的，但在另外的时刻、另外的事件上却是放任型的。在同一个家庭中，父亲和母亲可能采取不同的养育方式，这也导致了对孩子的养育成效的复杂性。不同养育方式产生的效果可能对消冲抵，可能叠加强化。这也让我们帮助父母们厘清不同养育方式及其影响显得更为迫切。

同时，还需要指出，这四种父母类型自身也存在着程度上的差异。

1. 限制——控制——专制

限制是指在某些方面、某些时间段的控制，而不是全程的控制。家长在原生家庭中经历的阴影可能导致他对某方面特别敏感，然后对自己的孩子加以限制。

专制则是将控制推向了极致，强硬冰冷，毫无通融余地。

2. 放松——放任——放纵

放松是指针对某些特殊情境的放任。

放纵则是毫无底线的放任。

3. 冷淡——冷漠——冷酷

冷淡是程度轻微的冷漠。

冷酷则是完全丧失了人性。

4. 滋润——滋养——滋补

滋润是淡淡的滋养。

滋补是剂量加倍的滋养。对于那些已经受到控制型、放任型和冷漠型养育方式伤害的孩子，就需要剂量加倍、时间更长的滋补。

最后，我们再用一个形象的比喻来描述这四种养育类型。

如果把孩子比喻成一辆车，那么，控制型父母是只踩刹车的父母；放任型父母是只踩油门的父母；冷漠型父母是既不踩刹车，也不踩油门的父母；滋养型父母是既踩油门，也踩刹车的父母。

要特别强调的是，滋养型父母并不乱踩油门和刹车，而是适时适度踩油门，适时适度踩刹车。

滋养如水，法无定势。滋养其实是一种以尊重孩子感受为前提的养育理念，掌握了这个基本点，父母的心智打开后，就会成为无可替代的养育专家。因为只有父母才是最了解自己的孩子的，他们此前所欠缺的只是一种正确的养育理念。

参考文献

[1]【美】蔡美儿.我在美国做妈妈[M].中信出版社，2011：4-6

[2]【美】威廉·格拉瑟.选择理论[M].江西人民出版社，2017：165

[3]【美】埃伦·兰格.专注力[M].中国人民大学出版社，2007：61-63

[4] http://news.163.com/12/1118/09/8GJ81DEV00014AEE.html

[5]【美】劳伦·斯莱特.20世纪最伟大的心理学实验[M].中国人民大学出版社，2007：127-146

[6]【美】沙法丽·萨巴瑞.父母的觉醒[M].上海社会科学院出版社，2017：36-37

第三章

为什么最爱你的人伤你最深——
不当养育对孩子的负面影响

我们已经了解了父母的四种类型。其中控制型父母、放任型父母和冷漠型父母的养育方式都属于不当养育。这三种养育方式，都会导致孩子的感受系统失常、失灵。

独立、完整、功能正常的感受系统是一个个体走向成熟的基本标志。

在控制型父母、放任型父母和冷漠型父母的家庭中，孩子的感受系统备受压制与伤害，缺乏安全感、缺乏被爱感、缺乏价值感是很常见的现象。人本主义精神分析的开创者卡伦·霍妮（Karen Danielsen Horney）认为，缺乏安全感、缺乏被爱感、缺乏价值感都会引发个体的焦虑。而人主要是通过否定自己的真实感受、建立防御机制来应对焦虑。防御机制会使个体无法感受到内心真正的喜好、欲望、愿望以及恐惧。

霍妮说："家庭中那些让儿童感到不安全、不被喜爱、不被重视的因素导致儿童产生了基本焦虑，让他们在这个潜藏敌意的世界里感到无助。为了降低这种无助感，他们会采取追求爱、追求权力或者离群索居等方式来作为防御策略。"霍妮认为，这些防御机制注定是无效的，会导致恶性循环。比如，人们对爱的需求受到阻碍时，会使这种需求变得更加难以满足，随之而来的苛求与嫉妒会使他比以往更难得到爱。得不到爱的人会产生自己不可能被别人爱的想法，从而使他们不相信爱的表示。丧失爱使他们变得依赖别人，但是他们又害怕这种依赖。

霍妮将这种情形比喻为"一个饿汉因为害怕食物有毒，所以不敢吃任何东西"，这正是感受系统受损的形象描述。[1]

控制型父母、放任型父母和冷漠型父母的种种言行，会让孩子们感受到程度很深的不安全、不被喜爱、不被重视，不得不过早地建立自己的防御机制。正如霍妮所比喻的，他们渴求父母的爱，却又不敢用正常的方式要求得到这种爱。他们只能表现出种种与内在需求恰好矛盾的言行，而这些言行会进一步引发父母的过度反应。

美国乔治城大学精神病学家穆雷·鲍文提出了分化理论。[2]

鲍文认为，一个人的成熟意味着与他人情感上的分离，尤其是与父母的情感分离，如果没能完成这种分离，就意味着一个人没有能够完成与父母或家庭的分化。（这个观点被很多人误解了，并在误解的基础上提出了很不恰当的养育观点）

当然，完美分化的人是不存在的。这也正是人们会将关系当作自我的变量，渴望通过关系来完善自我的本质动因。

鲍文进一步提出，在低分化的家庭中，孩子在成长中无法为自己的需求进行思考、感觉、行动。孩子的功能仅仅是对他人做出反应，他们会更多地做出情感反应而缺乏理智的思考。孩子很难发展出一个完整的自我，他经常用他人的自我来替代自己的自我。孩子的感受、情绪、想法和行为通常来源于重要他人（如父母）的感受、情绪、想法和行为，自己的自我和重要他人的自我往往处于不分彼此或者相互融合的状态。当面对令人焦虑的事件时，他们经常失去自我控制，很难保持自主性。

对照前文所述的控制型、放任型和冷漠型父母的做法，我们可以很自然地发现，这些养育方式，都会对孩子的分化进程造成不利影响，都会阻碍孩子成为一个人格完善的独立个体。

接下来，我们具体分析一下控制型、放任型和冷漠型的养育方式对孩子的人格（即具有一定倾向性的和相对稳定的心理特征的总和，具体体现为情绪模式、思维模式和行为模式）的影响。

控制型父母的负面影响

控制型父母会导致孩子：

1. 没有目标

控制型父母用自己的感受取代了孩子的感受，会导致孩子不知道什么才是自己真正想要的东西。因为被剥夺了自由确定目标的权力，孩子不得不把父母的目标当作自己的目标。而且，只有满足了父母的目标，孩子才不会遭受控制型父母的严厉惩罚。当孩子需要独自面对生活的选择时，他就不知道该如何选择了，因为他从未有过自己做决定的训练。这样的孩子，往往是缺乏主见、随波逐流的，为他人或其所在的组织的目标所驱动，而没有自己的生活目标。

2. 充满敌意、具有攻击性

在严格控制下成长的孩子，可能表现两种完全不同的性格特质。一种是非常乖巧、顺从、听话、懂事的孩子；另一种是非常暴烈、抗逆的孩子。

但是，这两类孩子的内心都充满了敌意，对外界的人或事物经常持有负面的评价或看法。不过，第一类孩子压抑住了自己的敌意，不对外释放。第二类孩子则将敌意化作了攻击性，对外攻击。第一类孩子伤害的是其内在的自我，第二类孩子则对外部的他人造成伤害。

3. 安全感不足

控制型父母的控制主要是针对孩子的行为的。无论孩子是有意还是无意做出了背离规矩的行为，控制型父母都会采取严格的惩罚措施。这使得孩子非常担心自己会触犯父母制定的规条而引发惩罚。恐惧由此成为孩子的常态情绪，从而导致孩子的安全感不足。

4. 敏感、早熟

孩子不得不以控制型父母的价值标准，即成人的标准来行事，从而过早地丧失了感受判断，接受并内化了价值判断。表现在外就是早熟，像个小大人一样思考、行事。这往往又会获得父母或其他成年人的夸赞而得到进一步的强化。

5. 疏离

父母的严格控制不允许孩子表达他的真实感受，最后毁伤了孩子的感受系统。孩子和父母之间缺乏亲密的互动，使得孩子没有机会练习表达情感，最终变成了情感疏离的人，难以和他人建立亲密关系。而且，在热闹的场所，很难融入氛围之中，成为狂欢中的旁观者、局外人。

6. 情绪不稳定，喜怒无常、幸福感匮乏

控制型父母不但控制孩子的言行，也控制孩子的情绪。孩子必须看父母的脸色才能表达相应的情绪，不能形成自己独立的情绪判断。其表现出来的喜怒无常，实质上是情感无措，因为他不懂得如何正确表达情绪。

一个人的幸福感的基点是情绪平衡稳定。在严格控制下成长的孩子，情绪经常是不稳定的，幸福感是匮乏的。

7. 多疑

多疑是不自信的表现。控制型父母掌控下的孩子，时刻等待着父母的裁判，担心父母的惩罚，对于他人的善意往往会过度解读，甚至是消极解读。多疑，是为了尽可能保证自己不受伤害。

8. 自理能力差，自控能力差

自理和自控能力的前提是拥有自理和自控的权力。没有权力，谈何能力？控制型父母希望孩子像一个机器人，一举一动都符合他们的标准。尽管孩子也可能在长期的服从中表现出了符合标准的言行，但这不是真正的自理和自控，而是他理和他控。

放任型父母的负面影响

放任型父母会导致孩子：

1. 自私、飞扬跋扈

放任型父母把孩子的感受放在优先地位，不但不控制孩子，甚至宁可牺牲自己，也要满足孩子。这样会导致孩子极度以自我为中心，只追求自己的内心满足，不考虑他人的感受。完全缺乏控制的孩子，其自我的边界就会无限扩张，总是表现出一副唯我独尊，盛气凌人的架势，不把任何人放在眼里。

2. 具有攻击性

放任型父母养育下的孩子，也会表现出攻击性。但这种攻击性和控制型父母养育下的孩子的攻击性完全不同。被控制的孩子的攻击性来自压抑之下的愤怒，而放任型父母从来不会压抑孩子，他们的孩子的攻击性来自缺乏恐惧约束的肆无忌惮。这类孩子禁不起丝毫的挫折，因为他们幼小时从未体验过这种负面感受。所以，一根稻草般的烦恼与阻碍，都会激发他们的怒火。

3. 幼稚，冲动，不成熟

成熟源自适度的挫折。放任型父母舍不得孩子遭受挫折，这会使得孩子一直停留在婴幼儿时期的心理状态，他们的心理年龄会明显偏小于生理年龄。这固然使他们表现出了率真的一面，但是在复杂的社会交往中，他们也会缺乏必要的防范心理，从而轻易相信他人，上当受骗。

4. 没有目标

放任型父母允许孩子做任何事，孩子可以任意选择，随意放弃。这样的孩子，从来不需要以目标为动力，也不需要为放弃而愧疚，所以就不可能有目标。这类孩子没有目标，并不像被严格控制的孩子那样是因为缺乏自主权，而是因为他的自主权太大了。

5. 低成就感

孩子在放任的状态下，不需要用成就感来体会自我的存在。同时，他是没有目标的，或者说目标极为分散，朝秦暮楚。而成就感和目标是密切相关的。缺乏目标自然就会缺乏动力，自然就会缺乏成就感。

6. 不开心，幸福感不强

放任型父母的孩子，在父母力所能及的范围内得到他想要的东西简直太容易了，对于心灵的渴望没有任何束缚，从而不能制造感受势差，也就不容易快乐了。而当孩子被放纵到索取无度，超越了父母的能力范围后，孩子很容易深感受挫，从不开心走向伤心难过，甚至以对外攻击来发泄不满。

7. 自理能力差，自控能力差

放任型父母对孩子精心呵护，孩子因为被高度宠溺而失去了历练的机会，从而表现出自理能力和自控能力的弱化、退化。

冷漠型父母的负面影响

冷漠型父母会导致孩子：

1. 具备很强的攻击性

生活在冷漠型父母的家庭，孩子就连负面的情感互动也十分缺乏，他们需要通过攻击来试探外部环境，与外界交流。这是一种极度恐惧带来的攻击性。

2. 缺乏安全感

冷漠型父母，不能为孩子提供最基本的温情呵护。孩子在幼年时期得不到温暖的互动，将会极度缺乏安全感。

3. 缺乏责任感

责任感产生于内在的富足。冷漠型父母无法给予孩子基本的情感养分，在这种情境中成长的孩子内心空泛，缺乏承担责任的基本能量。一个未被珍惜的孩子，不可能具备珍惜自己的能力，更不用说为自己为他人担责了。

4. 自卑

冷漠型父母失去了关爱孩子的能力。缺爱让孩子觉得自己是不值得被爱的，是没有资格被爱的。这就摧毁了孩子的自尊，取而代之的必然是自卑。孩子会觉得自己一无是处，没有能力，畏缩不前，不敢与人交往。

5. 容易情绪失控

父母的冷漠，让孩子没有机会历练各种情绪互动。孩子缺乏控制情绪的基本能力，面对环境中的不利因素，无所适从后就容易乱发脾气。

6. 叛逆，不服从

缺爱的孩子，不懂得如何去爱自己爱别人。无论别人给予的是爱，还是操控，他都无法正确识别，要么用冷漠来回应，要么用抗拒来保持自身的冷漠边界。

7. 自理能力差，自控能力差

无论孩子做什么，都得不到必要的回应。在没有反馈的情况下，孩子不可能锻炼出自理能力和自控能力。

不当养育的伤害

上述三种类型的父母，无论是控制型父母，还是放任型父母，或是冷漠型父母，他们的养育方式都是不当的养育方式。这三种养育方式，都未能做到尊重孩子的感受，都没有将孩子当作一个独立的个体来看待。

文学家鲁迅针对孩子写过这样一句话："小的时候，不把他当人，长大以后也做不了人。"这里的人，当然是指有自我控制权力及能力的独立个体。控制型父母、放任型父母、冷漠型父母，在某种程度上，都没有把孩子当作人。一个被视为不存在的孩子，怎么可能真正长大成人？

在日常生活中，我们经常顺口说"长大成人"这个词，但其实"长大"和"成人"完全是两回事。

"长大"不等于"成人"。

"长大"是一种生理现象，"成人"是一种心理现象。"长大"是指一个人的躯体发育成长，长成了大人的形状。而"成人"则是指心理心态、言行举止成熟稳重，勇于担当，有责任心。

要想让一个孩子长大，是很容易的，只要维持基本的温饱就可以了，甚至没有父母照料的孤儿也会长大。这基本上是由基因控制的自然过程。但要想让一个孩子成人，却需要父母付出极大的心力，并辅以正确的养育方式。现在有一个流行词"巨婴"，其实说的就是生理上已经"长大"，但心理上还没有"成人"的人。

从上述不当养育对孩子造成的负面影响来看，几乎每一条都在阻碍着孩子的"成人"。

我们常常把养育孩子看作是充满了不确定性的风险投资。但是，不当的养育方式却把这项重大投资变成了充满确定性的高利贷。几乎可以肯定的是，不良后果会像张着血盆大嘴的怪兽一样，将父母的心血、财富以及孩子一生的幸福全部吞噬。

从当下的情形来看，一些还没有长大的孩子，已经开始在连本带利地索取高利贷式的"回报"了。

"如果我有一颗炸弹，我就会炸平我的学校；如果我有一把刀，我就会杀死我的妈妈。"如此可怕的语句，你能想象是出自一个小学生的造句吗？到底是有多大的仇恨，才会让这么小的孩子将如此暴力血腥的语句公之于众呢？

在养育孩子上的无知与偷懒，都是一种利滚利的负债，最终必然以令人无法想象、无法接受的方式呈现出来。

2018 年初，一部叫作《孪生陌生人》（*Three Identical Strangers*）的纪录片刚一上映，就得到了很多人的特别关注，也获得了多个奖项。[3]

这部纪录片讲述了美国的一组三胞胎兄弟刚一出生，就分别被送养给了三个不同类别的家庭。鲍比被送给了一个富庶家庭，养父是医生，养母是律师，家庭条件特别优越；艾迪被送给了一个中产阶级家庭，养父是一位老师，非常保守，对艾迪的管束十分严格；大卫则被送给了一个移民家庭，条件很一般，属于蓝领阶层，但养父为人乐观，对孩子非常关爱，给予大卫温暖的呵护。

1980 年的时候，这组三胞胎已经 19 岁了，他们从来不知道这个世界上还有另外两个和自己长得几乎一模一样的兄弟。直到鲍比去上大学，被学校里的很多人误认为是艾迪，真相才显露出来。《纽约时报》报道了这则久别重逢的新闻后，大卫从报纸上的照片看到了两个和自己几乎一样的人，于是三兄弟奇迹般地遇合了。

实际上，这根本不是什么奇迹，而是一个精心设计的心理学实验。

当时是 20 世纪的五六十年代，心理学刚刚成为科学世界的新宠儿，各种各样的创新研究层出不穷。人们迫切要更多地了解关于人的秘密。著名的精神科医生彼得·钮鲍尔（Peter Neubauer），同时也担任美国儿童发展中心主任、弗洛伊德档案馆主任，设计并主导了这个实验，想通过将双胞胎或多胞胎的兄弟姐妹分别送养给不同阶层的家庭，并长期跟踪，希望发现到底是先天的遗传因素还是后天的养育方式决定了一个人最终的生命状态。

这种直接将人作为实验对象的实验方法，在今天被视为严重违背了人伦道德而被彻底废弃。但在当时，人们对此并未有深刻的认识。所以，钮鲍尔的这项有意将双胞胎或多胞胎分开养育的实验既是人类历史上的第一次，也是最后一次。事件曝光后，实验相关的资料全部被封存在耶鲁大学，解禁期是 2066 年，届时所有相关参与研究的人都已不在人世。

鲍比、艾迪和大卫是同卵三胞胎，他们虽然在不同的家庭中成长，在 19 岁之前从未见过面，但是基因的力量无比强大，他们拥有相同的长相与体型，相同的爱好，相同的动作习惯，都喜欢吃中国菜，喜欢抽一个品牌的香烟，喜欢同一种颜色，喜欢的异性也是同一个类型的。他们甚至都参加过学校里的摔跤队。

经过媒体的报道后，三兄弟火爆一时，频频参加各种电视节目，成为纽约的焦点人物。三兄弟借着势不可挡的人气开了一家叫作"三胞胎"的餐厅，盈利颇丰。但是，当背后的钮鲍尔实验被曝光后，三兄弟陷入了极大的愤慨。身而为人，却被当作用于实验的小白鼠，这极大地打击了三兄弟。兄弟之间也发生了不和谐的争吵。

于是，鲍比率先离开了。这对艾迪带来更大的伤害，他陷入了精神困境，住进了医院，最终开枪自杀。这次神奇的久别重逢，最后竟以悲剧告终。

三兄弟在各个方面几乎一模一样，为什么最后自杀的会是艾迪呢？

后天养育方式这个因素就此浮出水面。

鲍比的家庭条件最好，他的父母忙于工作，对鲍比呵护较少，但只要有时间，还是会陪伴鲍比。这个家庭的养育方式比较像是放纵型的轻微版——放任型（详见本书第二章），所以鲍比的精神状态总体不错。

大卫的家庭条件最差，但他的养父比较符合我们在下文即将展开论述的滋养型，在孩子身上倾注了很多关爱，所以大卫的精神状态非常不错。

唯有艾迪，家庭条件居中，但父亲却十分严格。纪录片中也采访了艾迪的姑妈，姑妈认为艾迪和养父的关系比较僵冷。艾迪的养父就是比较典型的控制型父母。而艾迪本人是一个气质偏于浪漫的人，与父亲的保守格格不入。可以说，正是亲子间在养育方式上的严重不匹配，伤害了艾迪的感受系统，从而让艾迪的精神状态陷于不利。

这也是三兄弟之中唯有艾迪选择了用极端的方式伤害自我的原因。

著名行为主义心理学家沃尔特·米契尔（Walter Mischel）评论说："基因的确重要，但是社会学习也发挥了极大的作用。可以想见，具有相同遗传物质，却成长于不同家庭的同卵双胞胎，人格会有很大的差异。"[4]

从这个悲剧性的故事中，我们还可以看到，父母的养育方式其实无关家

庭的富裕贫困。富裕之家，也可能酿成养育悲剧。贫困之家，也可能养育出幸福快乐的孩子。关键在于养育方式之于孩子的感受系统的影响，而不是物质上的富足或匮乏。也即是说，对孩子的健康成长而言，精神上的富足比物质上的富足更重要。

需要特别指出的是，不同的养育方式，只要是不尊重孩子作为一个人的感受，就有可能造成相似的后果。比如，上述这三种养育方式，都可能会导致孩子自理能力差和自控能力差，但我们不能简单被孩子行为上的表象所迷惑。不同的孩子，有可能表现出完全一样的异常行为，但根源却很可能是完全不一样的。这是一种一点也不好笑的"殊途同归"。

不易觉察的养育谬论

人是一种被观念驱使的动物。我们大脑中的信念规条，在很大程度上决定了我们的言行举止，决定了我们的决策决定，在亲子养育领域自然也不例外。

所谓养育方式，实际上是一系列养育观念、信念的组合。在上述三种不当养育方式之外，还存在着一些似是而非的养育观念，正在影响着父母们的养育实践。

这些养育观念看上去似乎还有几分道理，但其实是不易觉察的养育谬论，会对孩子的正常成长造成严重的危害。如果我们要切换到正确的养育方式，很有必要对这些养育谬论加以剖解纠正。

不易觉察的养育谬论主要有四个：**父母正常论、父亲优势论、努力迷信论、血浓于水论**。

父母正常论

"孩子还小呢！等他长大了就好了。"

这句话是不是经常在各个家庭中听到？

每当孩子出现了不适宜的行为，总有一些家长会抱有这样的心理。对他们来说，"孩子还小"意味着孩子还不懂事；"等他长大了就好了"，则意味着孩子随着年龄的增长自然就会懂事。

如果你接受了这个观念，并且认为这个观念是正确的，那么，另一个衍生的隐含观念就会自然而然地在你心灵深处滋长，然后对你造成更大的影响。

这个衍生观念就是：一个人只要成了父母，就被视为是一切正常的。

我们经常看到各种养育理论，教导父母如何如何做，要求父母如何如何做，仿佛只要他们这样做，亲子关系就会万事大吉了。但现实却是，即便养育理论多么正确，父母们还是深感力不从心，根本无法做到。

这是为什么呢？

其实，我们在本书的第二章中已经明确指出，"长大"不等于"成人"。

如果一个孩子在长大的过程中，没有得到正确的养育，他是不会自动"成人"的，自然也不可能完全符合"成人"的标准。

当一个不正常的孩子长大后做了父母，他怎么可能是一个正常的父母呢？

在某种程度上，这个当了父母的人，在心理上依然还是一个孩子。所谓的养育，就异变成了孩子在养育孩子。甚至在有的家庭里，父母两个人都是心理不成熟的孩子，那就是两个孩子在养一个孩子。在这样的情况下，亲子关系，其实是"子子关系"。可想而知，在这样的家庭，会发生多少亲子闹剧。

任何一个人，都不可能在完美的环境中成长，必然或多或少地带着一些心理阴影，甚至是某种心理创伤。心理学和神经学的研究表明，强烈的、重复的经验可能会改变我们接受和理解刺激的方式。心理受过创伤的人比起没有受过创伤的人，更不容易捕捉到创伤性刺激之外的环境因素。

研究还发现，遭受过创伤的儿童比没有受过创伤的儿童，更难识别出他人的正面表情，更容易将外界的表情信息识别为"危险信号"。这就是我们在第四章中提到的"负面敏感"。

所以，这些心理阴影或创伤，会影响到一个人的内在感受结构的形态，形成病态适应。

比如，有的父母是工作狂，几乎把全部身心都投入到工作中。在旁人眼里或他们自己眼里，这是在为了家庭而努力工作。但实际上，工作狂就是一种病态适应。工作狂在处理情感关系上往往力不从心，他们更善于与没有生命的工作建立链接，而不是和活生生的人建立链接。工作狂式的父母，在亲子关系上必然是负债累累，对孩子的影响可想而知。

工作狂实际上是一种瘾症，其他的瘾症还有酒瘾、毒瘾、游戏瘾等。各种瘾症都是一个人内在感受系统不正常的表现。拥有这些瘾症的父母，不可避免地会对孩子的感受系统造成消极影响。

父母一方面是带着心理阴影的，同时，他们在社会环境中还承受着巨大的压力。每个人承受压力的敏感度和耐受度是不一样的。即便一个人的感受系统是正常的，过大的压力也会导致他的感受系统失常，从而导致言行失常。

当父母处于高压状态时，他们偏离正常的程度就会加大。纽约大学儿童精神病中心的研究表明，儿童应对痛苦事件的反应绝大多数取决于他们父母的压力水平。那些因为严重烧伤而住院的儿童，可以根据他们对母亲的安全性判断来预测会不会发生创伤后应激障碍（PTSD）。如果母亲一直以来都是他们的安全基地，孩子就不太会留下创伤后遗症。同时，从母子间的安全依恋程度还可以判断使用止痛药数量的多少。那些和母亲形成了安全依恋的孩子，就不需要过多的止痛药。也就是说，亲子之间的关爱可以有效降低烧伤带来的疼痛感。反之，那些从母亲那里得不到足量关爱的孩子，就需要更多的止痛药来帮助自己。[5]

正因为我们不加觉察地接受了"父母正常论"，所以在中国的父母身上，明显呈现出以下三个特征：

1. 无证上岗

无证上岗，是指未经任何学习或培训，就心安理得、理所当然地做起了父母。事实上，父母这项工作的难度之大、投入时间之长，远超一般意义上的其他工作。而且，其他的工作，你要是不满意，随时可以辞职不干，另谋出路。但是，父母是一份永远不能辞职的工作。无论如何，你都割舍不掉亲子之间的关联。

但是，在不了解、没有掌握正确的养育方式之前，就无证上岗，充满了风险。有一些特种工作，在上岗之前，必须经过安全培训，以免发生安全事故。在亲子养育中，如果父母以无知为底气，自以为是，也很容易发生亲子安全事故。

孩子偏离正常社会轨道，误入歧途，和父母关系紧张，啃老不能自立，无法适应亲密关系而不婚等都是亲子养育中的安全事故。

2. 带"病"工作

带"病"工作，这个"病"是指父母带着心理阴影或创伤，却自以为正常，从而将自己的病态适应传递给了孩子。这也可以说是亲子养育中的传染病。

孩子的症状可能有两种，一种是形成与父母一模一样的病态适应，另一种是形成与父母完全相反的病态适应，因为相反也是一种模仿。

父母带"病"工作，其工作成果必然是养育出新一代的"病人"。

一般来说，父母的"病"是不一样的。两个人来自两个不同的家庭，有着不一样的经历，各自的心理阴影很不一样。"病病"组合的父母，对于孩子来说，后果堪忧。

3. 盲目"投资"

如果我们要开展一般性的投资，哪怕只投资三五十万元，我们也会认真去搜集该行业或该项目的相关背景，努力学习相关的知识与技能，以确保投资安全，并获得理想的收益。

养育孩子也可以视为一项独特的投资。现在的家庭，在一个孩子的身上投资三五百万元是比较常见的。除了钱的投资，父母还投入了无数的心血与情感在孩子身上。

但是，如此重大而特殊的投资，父母们却无证上岗，带"病"工作，往往凭借自己的直觉率性行事，或者模仿别人的做法盲目跟风。这也是为什么"别人家的孩子"如此盛行并被广大父母们所顶礼膜拜的原因。

别人家的孩子学艺术，你也让自己家的孩子学艺术；别人家的孩子学奥数，你也让自己家的孩子学奥数；别人家的孩子去留学，你也让自己家的孩子去留学。这些人云亦云的行为不都是盲目投资吗？

其实，每个孩子都是不同的。盲目依照整齐划一的养育方式或者照搬照抄别的父母的养育方式都很难匹配自家孩子的独特个性。父母们如果不能为自己的孩子量身定制匹配性的养育方式，就属于盲目投资。到头来，不但没有预期中的收益，反而是竹篮打水一场空——孩子未能成才，与父母的关系也非常紧张。

要特别提醒的是，尽管我们使用了"投资"这个词，但你切记不要将家庭经营成公司。《苍白的国王》一书中的主人公有句话说："我的家庭就如同一家企业，我的价值取决于我上个季度的业绩。" 如果你也把孩子的学习成绩当作他的工作业绩，那简直就太糟糕了。[6]

我们经常会听到"不要让孩子输在起跑线上"这种说法。其实，更重要的是，不要让父母输在起跑线上。

事实上，很多父母早就输在了起跑线上。无证上岗，带"病"工作，盲目"投资"的父母们，不就已经输在起跑线上了吗？

只不过，这些父母输的结果表面上看是体现在孩子身上的，所以，孩子承担了一切后果。正所谓父母有"病"，孩子吃"药"。父母输了，板子却打在孩子的屁股上。父母未跑先输，你还好意思责怪孩子不争气？这合理吗？难道我们还要让这不合理的现象继续吗？

我们要认识到，一切正常的父母是不存在的。我们再也不要自欺欺人地陷入"父母正常论"的泥淖了。正视自己的感受系统的缺陷，通过学习，加以改善或疗愈，才是对亲子养育最负责任的态度和做法。

父亲优势论

"爸爸带出来的孩子更阳光、更勇敢、更聪明……"

这句话还可以加上更长的后缀，是不是耳熟能详？

这句话在本质上就是"父亲优势论"。从目前的情况来看，父亲优势论已经获得了很多人的赞同，甚至包括很多妈妈。

关于父亲优势论，很多人还搬出来一些心理学专业人士来站台，给出了很多不容置疑的观点：

父亲是一种独特的存在，对培养孩子有一种特别的力量。

从父亲的身上，孩子观察到什么是男人，什么是丈夫，什么是父亲，同时会思考什么是独立和勇敢。

父亲是孩子的独立宣言，父亲是孩子勇敢的教科书，父亲是孩子走向世界的引路人。

研究发现，爸爸带大的孩子智力水平更高。

在家庭中，母亲的作用是"安全岛"，负责提供无条件的爱与支持；父亲的作用是"雄伟坚固的桥"，为孩子提供走入世界的保护和向导。

常有爸爸陪伴的孩子，更聪明、勇敢且自信。

大量科学研究表明，爸爸多参与带娃对孩子语言、行为、社会、心理和认知等能力发展都有积极影响。由男人带大的孩子智力水平更高，他们在学校会取得更好的成绩，在社会上也容易成功。

男人更具冒险精神、探索精神、宽容精神、求知精神，这些特点，会淋漓尽致地体现在对孩子的教育上。

想让孩子具备勇气、自尊心、自信心、思维能力、学习兴趣、发展出潜能、具有高的"挫折商"、责任心和良好的习惯，爸爸是最好的老师。

爸爸带大的孩子，有更融洽的亲子关系。

父亲是力量的代表，是强大的依靠，是年幼孩子心目中的英雄。

2 岁到 6 岁是每个孩子安全感建立的关键时期，爸爸的陪伴，将让孩子感受到更充足的爱，更有信心与勇气去面对陌生的世界。

爸爸带大的孩子更愿承担责任、更有主见，心态也更宽容和开放，思维方式更加理性而有逻辑。因为父亲带孩子的方式大多是放养型，给孩子的思想和行为更多的空间。

……

看到这么多的赞美与褒奖，爸爸们是不是心花怒放，深感骄傲与自豪？但还是不要高兴得太早了。

如果说父亲是一种独特的存在，难道母亲就不是一种独特的存在吗？

如果说男人更具冒险精神、探索精神、宽容精神、求知精神，为什么现在会普遍出现"阴盛阳衰"的现象，女人难道就不具备这些精神了吗？

实际上，上述观点根本经不起推敲。其谬误之处在于，将男女两性的性别差异无限扩大化了，甚至将某一性别的共性优势不加分别地赋予这一性别中的每一个个体。

按照这个逻辑，我们完全可以炮制出一个母亲优势论，列举妈妈在养育中给孩子带来的种种优点和好处。

虽然总体而言，男人确实更具冒险精神，但并非每个男人都比每个女人更具冒险精神。在现实生活中，我们经常可以看到那些有魄力，敢于决断的大女人，也经常可以看到唯唯诺诺、谨小慎微的小男人。具体到每一个家庭，更是要区别对待，不能一概论之。

那么，为什么会出现所谓的"父亲优势论"呢？

现在父亲在亲子养育中的缺位已经是一个普遍现象。妈妈们要兼顾工作和孩子，往往力不从心，但因为父亲缺位，妈妈不得不承担起几乎所有的责任。如果妈妈是"全职妈妈"，更是责任到此不能再推了。

"全职妈妈"在事实上已经沦为"全责妈妈"，既然妈妈已经辞去工作，在家全职照顾孩子，那么孩子的一切当然要由妈妈负责了。但是，养育孩子，光靠妈妈一个人是绝对不够的。爸爸和妈妈的作用各不相同，而且必须相互配合，才能促进孩子的良性成长。

"父亲优势论"的实质并不是说爸爸带出来的孩子在各方面更好，而应该是说爸爸缺位的孩子更难获得良好的成长发展。

那些父亲参与到亲子养育中的孩子，其实大多不过是正常发展，但和那些父亲缺位的孩子不太正常的发展相比，显得更有优势。这才是父亲优势论的真相。

科学家对基因和大脑的研究还揭示了一个让我们大跌眼镜的秘密。

一个人的性别并不是在精子和卵子接触的一刹那决定的。人类的受精卵胚胎在怀孕的前六周是没有男女性别之分的，它具备一切的基本机制，既可以发展成为一个男性胚胎，也可以发展成为一个女性胚胎。[7]

基因本身并不能确保生出来的婴儿是什么性别的，男性荷尔蒙才是决定一个孩子性别的关键因素。假如一个基因是 XX 的女性胚胎，让它接受男性荷尔蒙，那么，这个孩子出生后就像是一个正常的男性。假如一个 XY 的男性胚胎，不给它供给男性荷尔蒙，那么，这个孩子出生后就像一个正常的女性。

科学家还用老鼠做实验来加以验证。

一只刚出生的公鼠，它的大脑发育状况和 7 周大的人类胚胎是一样的。假如这个时候把这只公鼠阉割，那么，这只老鼠会认为自己是一只母鼠，长大之后的攻击性就会比其他的公鼠小，它的社交行为就像是女性一样，会主动去梳理别的老鼠的毛。但是，如果阉割的时间拖得越晚，这只公鼠的女性特征就越不明显。因为大脑有足够的时间浸泡在男性荷尔蒙中，它的行为就越像男性，一旦超过了大脑发育的关键期，给他再多的荷尔蒙也不能改变它的男性性别认同了。

这个实验也可以反过来做，如果给一只刚刚出生的母鼠注射男性荷尔蒙，它就会长成一只具有公鼠行为的母鼠，会有较强的攻击性，并会爬到其他母鼠的背上去要求交配。

这些实验告诉我们一个重要的事实就是：胚胎在发育时，男性荷尔蒙在供给上可能出现错误（供给时机不对，供给数量过多或过少），从而一个男人可能会拥有一个女性的大脑，或者一个女人可能会拥有一个男性的大脑。

中国科学院神经科学研究所研究员许晓鸿在一次演讲中也表示："我们的大脑也许是雌雄同体的！无论你是男生还是女生，你的大脑里都具有这种跨性别的潜能。"[8]

由此，我们更不应该强化"父亲优势论"了。

如果一个拥有偏于女性化大脑的男人在当了父亲之后，更有可能表现出偏女性化的行为。父亲优势论中的所有观点也就不攻自破了。

当然，即便我们排除掉大脑可能存在的性别差异，我们还是不能认同"父亲优势论"。

真正正确的认知应该是：只有一个父亲有效清理了自己的心理阴影，并且学习了正确的养育理论，这样的父亲才能在与母亲的配合中，更好地助推孩子的健康成长。

如果父亲依然是无证上岗，带"病"工作，当他参与到亲子养育中来，或许带来的不是福音，而是混乱。

因为父母之间的养育理念如果不一致，就会给孩子的认知造成混乱。有些特别聪明的孩子，还会从中发现漏洞，从而有分别地加以运用。这样的结果甚至比父亲丝毫不参与亲子养育还要糟糕！

事实上，也有很多单亲妈妈培养出了发展良好的孩子。可见，父亲优势论是站不住脚的。但是，我们还是要呼吁父亲们在疗愈自我并加强学习后加入亲子养育之中。这才是正确的养育之道。

努力迷信论

"孩子，你要尽你最大的努力！"

这很可能是父母们对孩子说过次数最多的一句话（合计所有类似的表达）。我们为什么那么重视努力呢？

在第四章里，派克医生说过："除非有智力障碍，任何人只要肯花时间，没有解决不了的问题。"达尔文也有过类似的表述："我一直认为，除了智障者，人在智力上差别不大，不同的只是热情和努力。"

人们之所以对努力青睐有加，不仅仅是出于直觉判断和对生活的观察，也有相应的科学理论作为支撑。[9]

诺贝尔经济奖获得者赫伯特·西蒙（Herbert Simon）和威廉·蔡斯（William Chase）在美国科学家杂志上刊登了一篇论文，写道："国际象棋是没有速成专家的，当然也没有速成的高手或者大师。目前所有大师级别的棋手，包括鲍比·菲舍尔（Bobby Fischer）都花了至少 10 年的时间在国际象棋上投入了大量精力，无一例外。我们可以非常粗略地估计，一个国际象棋大师可能花了 1 万至 5 万个小时盯着棋盘……"

随后，心理学家约翰·海斯（John Hayes）研究了 76 位著名的古典乐作曲家，发现几乎所有人在写出自己最优秀的作品之前，都花了至少 10 年的时间谱曲。仅有的几个例外也花了 8-9 年的时间。

美国作家马尔科姆·格拉德威尔（Malcolm Gladwell）在《异类》一书中总结道："人们眼中的天才之所以卓越非凡，并非天资超人一等，而是付出了持续不断的努力。1 万小时的锤炼是任何人从平凡变成超凡的必要条件。"

格拉德威尔将此称为"一万小时定律"——要成为某个领域的专家，需要训练 1 万小时。

看来，努力确实有效。但是，努力真的能解决所有问题吗？

其实，绝大多数人知道，努力并不是决定成功与否的唯一因素。因为努力是一种内因，要取得成功还需要外因的配合。

那为什么我们还要如此强调努力呢？尤其是父母在对孩子提要求的时候，总是会把努力挂在嘴边，仿佛努力可以战胜一切。

事实上，那些通过"一万小时定律"而成功的人，背后还有两大支撑。

第一个支撑是方法。也就是说，努力还需要用对方向，用对方法。否则，低水平的无效重复，看似努力，却无法真正提升水平层次。

另一个支撑则是指导者的关注和热情。[10]

芝加哥大学的本杰明·布鲁姆博士（Benjamin Bloom）成立了一个研究小组，调查了 120 名世界级钢琴家、游泳运动员、网球冠军、数学家、雕塑家等，发现给予他们初次训练的老师都是非常普通的老师。而且，这些普通的老师指导他们的时间并不短。那些杰出的钢琴家跟随第一位老师的时间一般为 5-6 年。

这和我们的一般印象大不相同。我们总是以为，这些天赋很高的人，一定是在名师的指导下才成为各个领域的顶尖人物的。这些普通老师到底是靠什么把这些天才引向成功之路的呢？

本杰明·布鲁姆的研究记录中有这样一些记载：

> 她非常善于和小孩子相处。很善良，很温柔。
>
> 她喜欢年轻人，很和蔼，我很喜欢她。
>
> 他和孩子们在一起很开心，真心喜欢孩子，很有默契。
>
> 他非常有耐心，没有什么进取心。
>
> 她上音乐课时，带来了一篮子好时巧克力和金色的星星，我超喜欢她。
>
> 对我来说，去上课就像过节一样。
>
> ……

看到这些内容，你是不是想起了我们在第一章里提到的，孩子往往因为喜欢一个老师而喜欢某门课？

这些普通的老师在专业上可能并不出色，但他们在关注和呵护孩子的感受上却极为出色。孩子最初是用感受判断来衡量世界的。这些老师正是用滋养式的沟通互动，保留了孩子对于某项技能学习的热情，并激发出了他们的天赋力量，这才确保天才没有因为起步时的低级错误而惨遭扼杀。要知道，再厉害的天才，在起步之初，也是会犯很多错误的。

这个结论能够给我们足够的警醒与提示：如果父母们能够真正给予孩子以滋养，孩子的巨大潜力的确是能够通过不懈的努力激发出来的。

同时，我们也需要明确，努力应该是一种态度，而不是唯一的方法。

很多家长之所以不肯放下对"努力"的执念，实际上还有更深层的原因。

努力迷信论的背后，隐藏着父母对孩子的极高期望。父母们孜孜不倦地督促孩子要加倍努力，其潜台词是"你还不够好，你必须是最好的"。

由此，我们把努力当作了一种解药，一种缓解失控及其带来的挫败感的解药。父母们不愿意面对孩子不如预期的消极后果，就说服自己相信努力必有回报，企图以此来克服自己的焦虑。

　　当家长用"要求孩子努力"来传达自己对孩子现有表现不满时，孩子是能够敏锐地觉察到的。如果孩子觉得自己已经付出了力所能及的最大努力，而依然被家长要求更加努力，孩子就会出现习得性无助的恶性心理状态。

　　积极心理学家马丁·塞利格曼指出，动物包括人类，在经历不可控的情况时，就会学会放弃，同时在心理上会出现消极和抑郁的状况。[11]

　　在这种情况下，父母越是鼓励，孩子越是泄劲。

　　实际上，真正应该努力的不是孩子，而是父母。

　　父母应该努力放下对"努力迷信论"的病态迷恋，接受努力不是万能的。否则，父母寄希望于用孩子的努力来疗愈自己内心焦虑的想法一定会落空，而且还会给孩子带来新的心理伤害。

　　所以，我们确实需要鼓励孩子努力，但不应该对努力的结果抱有偏执性的苛求。父母们与其鼓励孩子努力，不如给孩子提供滋养的环境。

血浓于水论

　　"不管我怎么打他，骂他，他还是和我亲。"

　　你是不是听到过有的家长（以妈妈居多）这么说，听上去似乎还有掩饰不住的自得之情：毕竟是我亲生的，血浓于水嘛！怎么打，怎么骂，都赶不跑，都破坏不了我们之间的亲情。

真的是这样吗？

你还是且慢高兴吧！

我们先来看一系列触目惊心的案例：[12]

湖南省一名六年级学生小康，将自己 34 岁的亲生母亲陈女士杀死。小康逃学旷课，被老师通报。案发当晚，陈女士批评儿子时，发现他不知何时还学会了抽烟。一怒之下，她就砸烂了儿子的手机。小康跑进厨房，拿出菜刀把母亲砍了 20 多刀。将妈妈杀死后，小康还带着刚满 2 岁的弟弟睡了一晚，并接听母亲多个电话和微信，还佯装母亲的口气，给班主任发信息请假。直到第二天，邻居发现后报警。

山东一名 24 岁的大学生小刘，将陪读的母亲王女士杀害。多位目击者证实，案发之前，母子间发生激烈争吵长达 15 分钟。殴打声和哀号声不绝于耳，但自始至终也没有听见一句"救命"的呼喊。

南昌青年高某某将母亲杀了，只因母亲平时对他的工资管得太严。

上海留日学生汪佳晶，向母亲索要生活费无果，赶回国来讨说法，在机场将母亲捅伤。

……

看到这么多让人无法接受的亲情悲剧，你还是继续相信血浓于水？

上述案例中的孩子如此残忍，难道只是他自己一个人的问题？

任何一段关系出了问题，往往不是某一方单独的责任。家长们是不是也需要检视一下自身的不足？而且，冰冻三尺非一日之寒，孩子不可能从一开始就想好了采用这样暴烈的方法来攻击家长。在此之前，亲子之间到底发生了什么，以至于孩子累积了如此强烈的愤怒？

也许有人会说，我家孩子怎么也不可能发展到拿刀子对付我。确实是血浓于水，我越是不要他，他越是黏我，赶都赶不走。

如果真的是这样的状况，其实没有任何值得你高兴的。这反而是严重的病态适应。当孩子不敢报复你，他就只能报复自己，愤怒的内化会造成更严重的心理问题。所以，家长就不要再抱有侥幸心理了。

有的父母之所以认准了"血浓于水论"，很大程度上也是因为有了这个信念，就可以在惩罚孩子的时候肆无忌惮地发泄自己的怒火了。这样的父母，往往自己的内心隐藏着难以言说的伤痛。对这样的父母来说，重要而紧急的是立即去寻求心理疗愈。

但是无论如何，都不要用暴力手段去惩罚孩子。暴力只能制造更大的暴力。

家长对孩子采取暴力手段，还会给孩子一个深刻的负面印象：我只有在挨打、挨骂、挨惩罚的时候才是存在的。但这种存在是一种对抗性的存在，必然导向越来越激烈的亲子冲突或者越来越严重的心理问题。

善待孩子是做父母的底线。我们再也不要用"血浓于水"来否认亲子关系也必须是人际关系了。

任何一个孩子，都会善待那些善待他的人，哪怕他不是自己的父母或亲属。同样，任何一个孩子，都会痛恨那些虐待他的人，哪怕他是自己的亲生父母。

孩子的感受系统是非常灵敏的。哪怕血浓于水，也不要去摧毁孩子的感受系统！

这是基于人际底线的忠告！

养育谬论其实还有不少，而父母正常论、父亲优势论、努力迷信论和血浓于水论是最常见的四个养育谬论。如果我们想成为真正的滋养型父母，构建和谐愉悦的亲子关系，就必须坚决清理掉头脑中的这些似是而非且又不易觉察的养育谬论。

参考文献

[1]【美】罗伯特·弗雷格，詹姆斯·法迪曼.人格心理学：人格与自我成长 [M]. 中国人民大学出版社，2017：114-115，125

[2] 沈家宏.原生家庭：影响人一生的心理动力 [M]. 中国人民大学出版社，2018：20-21

[3] https://en.wikipedia.org/wiki/Three_Identical_Strangers

[4]【美】罗伯特·卡伦.依恋的形成 [M]. 中国轻工业出版社，2018：285

[5]【美】巴塞尔·范德考克.身体从未忘记 [M]. 机械工业出版社，2018：111

[6]【美】威廉·德雷谢维奇.优秀的绵羊 [M]. 九州出版社，2016：39

[7]【英】安妮·莫伊尔，戴维·杰塞尔.脑内乾坤：大脑也有性别 [M]. 机械工业出版社，2014：16-20

[8] https://baijiahao.baidu.com/s?id=1597340728654811986&wfr=spider&for=pc

[9] https://baijiahao.baidu.com/s?id=1607158229025312698&wfr=spider&for=pc

[10]【美】丹尼尔·科伊尔.一万小时天才理论 [M]. 中国人民大学出版社，2010：170-173

[11]【美】马丁·塞利格曼等.教出乐观的孩子 [M]. 万卷出版公司，2010：198

[12] https://baijiahao.baidu.com/s?id=1619181531498642400&wfr=spider&for=pc

第四章

为什么我们不能成为更好的父母——
病态适应的束缚与摆脱

要想避免前述那些不当养育方式和养育谬论的危害，我们必须让自己成为滋养型父母。

也许你已经迫不及待地要让自己成为滋养型父母了。但是，一旦你真的想把滋养付诸实践，却会感到有一种无形的力量，不知不觉地把你拉回到原来的亲子模式之中，让你身不由己地困在原地，进退两难。

这是为什么呢？

因为惯性的力量是非常强大的。我们运行多年的感受模式和感受结构已经习惯了让我们原地踏步。

病态适应

如果问大家一个问题：你的心理健康吗？

很少有人会认为自己的心理有病，不健康。但这是真的吗？

尽管我们不愿意承认自己的心理不那么健康，但世界卫生组织的数据不会撒谎。这些数据表明，在发达国家中有心理疾病的人口占到所有患病人口的40%，而中风、癌症、心脏病和糖尿病这些生理性疾病却只占不到20%。[1]

另外，根据美国的最新数据显示，超过一半的美国人一生中或多或少地达到过"心智失常"的标准。[2]

2009年6月13日，《柳叶刀》杂志发表了对中国四省精神障碍的流行病学调查结果，中国约有1.73亿人口罹患不同类型的精神疾患。这是迄今为止在中国进行的最大规模的精神疾病流行病学调查。[3]

上述数据仅仅是指被统计在内的心理疾病患者，而统计并不能囊括所有的真实数据。很多病人因为存在病耻感，羞于公开自己的不良精神状况。还有更多的人，虽然已经表现出了种种的心理不适，但尚未够得上心理疾病的"量化指标"而不被视为心理疾患。

如果用人的"个体感受"作为衡量指标，我们可以大胆地宣称，在这个世界上，真正感受良好、舒适的人凤毛麟角，少之又少。

这也意味着大多数人的自我都拥有一个"病态自我"。这也正是我们关于关系的定义得以存在的基础——一切关系的本质都是自我的变量。正因为我们的自我是病态自我，是残缺不全的，是带着心理阴影的，我们才会那么重视，甚至迷恋各种各样的人际关系、人物关系（人与物之间的关系，人与组织之间的关系），并期望通过这些关系能够让自己变得完整、健全。

回到人际关系中最复杂的亲子关系上来，拥有病态自我的父母势必会对亲子关系造成重大的影响。

著名作家弗朗兹·卡夫卡（Franz Kafka）说："我不得不说我所受的教育在许多方面都给我造成了极大的伤害。这份责备指向很大一群人——我的父母、亲戚、某些大人物、我家的访客、形形色色的作家以及一些老师。简言之，这份责备就像一把匕首，刺穿了整个社会……在任何时候我都可以证明，我所受的教育是如何竭力要把我塑造成不同于现在的我的另外一个人的。"[4]

卡夫卡的遭遇是一种非常普遍的现象。美国知名的心理创伤治疗专家巴塞尔·范德考克（Bessel van der Kolk）也指出："儿童无法选择他们的父母，也无法理解他们父母的情绪变化（忧郁、愤怒、心不在焉等）和行为与他们无关。儿童只能让自己适应他们所在的家庭，这样他们才能活下去。不像成年人，他们不可能寻求其他权力部门的帮助，他们的父母就是权力部门。他们不能出去租一个房子自己住，也不能搬去和别人一起住，他们只能依赖他们的养育者。"[5]

范德考克所称的"适应"就是不得已而为之的病态适应。

孩子是怎么让自己"适应"的呢？

孩子在感到痛苦的时候，基本上会采取两种方法来缓解：一种是将不良感受向外释放，表现为问题行为，常常是极度的焦躁不安、过度活跃或者行为涣散；另一种是将不良感受向内释放，通常是抑郁、焦虑和恐惧。[6]

一般来说，孩子会在将痛苦内化和痛苦外化之间不停地转化，直到症状与人格扭曲之间获得相对的稳定与平衡。一旦达到了这个状态，我们就称之为形成了"病态适应"。

病态适应的三种状况

如果身为父母的你，在自己的童年经历过或者拥有过以下三种状况的全部或之一，你在很大程度上就处于一种"病态适应"的状态或者说拥有一个"病态自我"。正如卡夫卡所说的，现在的你，并不是真正的你，而是被外力塑造出来的另外一个人。

1. 未被充分满足的童年

如果现在让你列一张关于未实现的童年愿望清单，你会列出多少内容以及什么内容？

你很可能会惊奇地发现，现在看来，当初的那些愿望是多么微不足道，但你当时却是那么渴望能够实现。事实上，你的童年充满了遗憾，尽管你是那么渴望，却依然没能实现。

这些愿望之所以没能实现，可能是因为物质条件确实匮乏，父母实在无能为力。但也可能是父母无视孩子的愿望，甚至故意压制孩子的愿望。

不得不说，由于很多中国式父母的错误观念，使得他们实在是太擅长刻意制造匮乏了。他们担心宠坏孩子，希望孩子能够吃苦，有意识地让孩子体验他们刻意设计出来的匮乏困境，或者延迟甚至剥夺孩子的满足感。

随着社会经济的进步，大多数家庭的经济状况大为改善，很多家长开始在物质上不再那么吝惜，但在情感上却依然"惜墨如金"，既不顾及孩子的感受，也不善于表达自己的感受。

所以，总体而言，孩子们的童年，几乎就是匮乏的代名词。

长期、极度的匮乏对一个孩子的感受系统的伤害是巨大的。在匮乏中长大的孩子，要么将节俭甚至吝啬渗入骨髓，要么发展出反向的贪婪。无论是物质匮乏，还是情感匮乏，都会造成这样的影响——这些在匮乏中长大的孩子的感受系统是失灵的，失常的。这种影响将会贯穿他们的一生，当然也会体现在他们作为父母时如何教育孩子上。

蒙台梭利指出，一个在受到成人约束和限制的环境中长大的孩子，他的身心需求在很多方面都无法得到满足。孩子心理上的需求在一定程度上影响着孩子的智能和道德精神的发展。在成人的舒服和限制之下，他不但失去了自我表达的权利，也失去了真实的自己，同时还不得不适应一个处处压制他的生活环境。[7]

蒙台梭利所指的"适应"，也就是病态适应。

所谓病态适应，就是以牺牲自我感受为代价而与环境相安无事的一种适应机制。

病态适应是不得已而为之的，不适应，就无法生存。但问题在于，大多数父母并未意识到自己的病态适应。相反，这一切都被他们理解为孩子在社会上生活首先应该学会的，就像他们当年受教的那样。

所以，这些拥有"未被充分满足"的童年的父母们会理直气壮地继续为他们自己的孩子提供一个"未被充分满足"的童年。

2. 永不消失的咒语

咒语是什么？

是人类通过语言来表达意念的一种方式。

我们不要以为，咒语只出现在魔幻小说或者一些宗教性场合。事实上，在家庭生活中，在养育领域，也广泛而普遍地存在着咒语，而且几乎每一个家长都无师自通，娴熟无比地运用到自己的孩子身上。

这些养育咒语主要有：**乖、听话、懂事、好孩子。**

语言是有魔力的，当一个词或一句话被重复无数遍的时候，就会深入接收者的潜意识中，成为驱动他行为的本能。这个时候，我们就可以说"咒语"发挥作用了。

一个个"乖"的、"听话"的、"懂事"的"好孩子"就这样被家长的"咒语"神奇地塑造出来。当这些被施了咒语的孩子长大后，又会将这些已经深入骨髓的咒语复制给他们的孩子，于是代代相传。

但是，在念咒语之前，我们能不能好好思考一下：

符合了谁的要求，才等于"乖"？

听话，是听谁的话？

懂事，是按谁的规则来理解、执行某件事情？

好孩子的"好"是按照谁制定的标准评判出来的？

这几个问题一提，你是否就清醒几分了？

你有没有发现，这些所谓的"乖""听话""懂事""好孩子"的标准全是站在家长立场上所做的判定。

如果是这样，孩子去哪儿了呢？

作为一个独立的个体，孩子消失了。家长们看到的是那个按照他们的意愿塑造出来的孩子，但这并不是那个孩子真实的自我。

难怪弗朗索瓦兹·多尔多会这样说："好学生实际上就是接受成人割掉自己的感受，并根据要求去模仿成人的孩子。"

当这些被永不消逝的咒语培养出来的孩子长大，并成为父母后，在他们大脑中盘旋的始终就是这些咒语。即便他们痛恨这些咒语，想替换掉这些咒语，但这并不容易。当他们身体健康强壮，心理能量充足的时候，他们可以有效控制自己不要说出这些咒语。但是，当他们身心疲惫的时候，或者孩子顽劣不堪的时候，理性就会失去控制力，这些咒语就会脱口而出。

除了把这些咒语传承下去，他们还有什么别的选择吗？

3. 想象中的美好情感

没有人不向往人与人之间的美好情感，尤其是家人、亲人之间的美好情感。但是，亲子之间的美好情感往往只存在于想象之中。

这是因为，亲子关系中的美好情感取决于亲子双方的感受系统。如果某一方的感受系统不正常、有问题，要么不会表达情感，要么不会接受情感表达，自然就没办法形成情感的流动。当情感处于静止状态，不能流动，怎么可能达致美好的程度呢？

一个人越是缺乏美好情感的滋养，内心就越会充满对美好情感的渴望。

当他在生活中看到他人之间美好情感的表达与流动，或者在影视剧中或小说中看到美好情感的描述时，对美好情感的向往就会被激发出来。然后，他就会试着在自己的亲子关系中向上复制。

复制一般分为两种，向上复制和向下复制。向上复制是指向自己的父亲或母亲复制，向下复制是指向自己的子女复制。

但复制往往会引发对方的不解，甚至是怀疑。这个本来非常正常的举动，却因为从未在此前的亲子关系中呈现过而显得非常突兀反常，从而得不到应有的呼应。最后，这个率先主动尝试的人，只能叹一口气，放弃努力，回归到先前的情感静止状态，同时内心对美好情感的向往更为强烈，但压抑的力量也随之增强，以免自己不堪忍受。

久而久之，这个人的内心就会麻木，对亲子关系中真实的美好情感不再抱有奢望，因为他已经把美好情感完全放进了想象的抽屉之中，严密封存，绝不会向现实透露一点一滴。同时，他会继续在想象中构筑亲子关系的美好情感，让自己信以为真，以此来宽慰内心的渴求。

这是多么悲哀的事情啊！但在现实中，这种只存在于想象中的美好情感屡见不鲜。

病态舒适

　　未被充分满足的童年、永不消逝的咒语和想象中的美好情感，共同勾勒出了无数个个体的病态适应。我们可以用一个动物的例子，来更好地阐明到底什么是病态适应。

　　哈佛大学的生物学家哈姆伯图·马图拉纳（Humberto Maturana）曾经做过一个关于青蛙的实验。[8]

　　在青蛙还没有长大的时候，马图拉纳将它的一只眼睛旋转了180度。当把青蛙那只正常的眼睛遮住后，青蛙就会用那只被旋转了的眼睛看东西。这样一来，原本落在眼球后部的感光器官视网膜上的图像就旋转了180度，落在了视网膜的另一面。当青蛙捕食的时候，它舌头伸出去的方向就和蚊子的位置相差了180度。如果长期这样下去，青蛙就会被饿死。但是，青蛙没多久重新学会了抓到蚊子的方法，它已经能够纠正错误的视网膜投影，然后把舌头伸向猎物所在的正确方向！

　　青蛙的眼睛被旋转了180度，相对于它此前正常的眼睛结构，就是一种病态。青蛙此后的重新定向就是一种对病态的新适应。如果这个时候，马图拉纳再遮住青蛙的病态眼睛，那么，青蛙用正常的那只眼睛又抓不到食物了。

　　我们人类的智慧之眼实际上也已经被我们身处的环境倒转了180度。鉴于此，我们可以想象，拥有病态自我的人何其多！他们的家庭在制造了问题之后，也成功地将他们变成了问题本身，然后像DNA复制一样，继续为他们的孩子制造问题。

　　病态适应本来是一种临时救急措施，但病态适应的时间久了，就会脱敏，将其视为正常的反应机制。这样带来的结果就是病态舒适。

在某种程度上，一个人曾经遭受过的痛苦最后竟成了他存在的意义。这是对病态舒适的更深层次的解读。

比如，有个戎马生涯的将军在战争中身先士卒，带着部队勇敢作战。虽然他是将军，但战场上的条件非常艰苦，他也只能经常和士兵们一起风餐露宿。战争结束后，将军在家里安静的卧室里、舒适的床上却怎么也睡不着了。将军于是让司机晚上开着车到无人的旷野中，在车子的持续颠簸中，将军很快就进入了甜美的梦乡。

对正常人来说，谁愿意在颠簸的车中睡觉呢？谁能在颠簸的车中睡着呢？即便睡着了，也不会觉得这是舒服的。这位将军的表现就是典型的病态舒适。

病态舒适是病态适应的结果。一个人一旦形成了病态舒适，那么，正常的舒适对他来说反而是不舒适了。这会让他感到陌生，不自然，然后希望通过各种捣乱，找回原来的感觉。

亲子关系和亲亲子关系

为人父母者将病态舒适当作正常状况，又会给他们的孩子带来什么样的影响呢？

在第一章中，我们提出亲子关系并非只是亲子关系，还有"亲亲子关系"的概念，在这里，我们用图表的形式展示出来，以更好地看清楚病态适应是如何代代相传的。

如图 4-1 所示，这是大多数人所理解的亲子关系。在这个图中，存在父亲与孩子之间的亲子关系、母亲与孩子之间的亲子关系，以及父亲和母亲之间的亲亲关系。这三组关系，都会对孩子的成长造成影响。

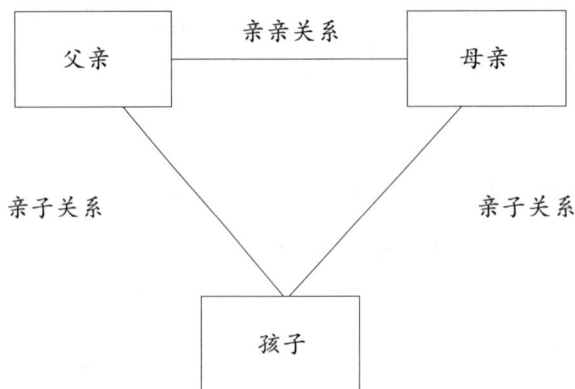

图 4-1 亲子关系

事实上，无论父亲和母亲对孩子如何好，父亲母亲之间的"亲亲关系"都会对孩子造成极大的影响，即使不是最大的。

举一个极端的例子。

当夫妻之间发生冲突时，一般都会默契地对孩子保密。夫妻双方都知道，他们之间的争吵会对孩子造成不良影响。但是，孩子的感受系统非常敏锐，很快就能感知到父母亲之间的不正常状态。但孩子一般会努力让自己相信这一切不是真的。如果突然有一天，夫妻之间的冲突升级了而且没能成功地避开孩子，这个时候，孩子的感受往往是"想要去死"。孩子甚至会直接用语言表达出来。

为什么父母亲之间的冲突，会让孩子产生想死的念头？

哈佛大学医学院儿科临床名誉教授贝利·布拉泽顿指出，当孩子失望、生气或者感觉被抛弃的时候，往往会产生一种"自杀是最有效的惩罚"的幻想。他回忆起自己小时候就有几次为了一些微不足道的小事，想通过自虐来惩罚父母。[9]

对孩子来说，父母之间的和谐相爱，才能给他提供安全感。父母发生冲突，等于直接摧毁了他的安全基地。孩子会觉得自己被欺骗了，被背叛了，被抛弃了。他对父母的背信弃义（父母对他说过很多遍"我爱你，你是我最爱的宝贝"之类的话，孩子将其当作承诺）非常愤怒，也非常悲伤，所以想用"死"来报复、惩罚说话不算数的父母。直到这个时候，孩子还是相信自己真的是父母最珍爱的宝贝，从而相信"摧毁宝贝"就是对父母最大的威慑。

从这个极端案例可以看出，亲亲关系对亲子关系的影响是何等地大。那些为人父母者，大多存在着程度不一的病态适应。这对于他们处理好亲亲关系是一个严重的障碍。可想而知，这将会给亲子关系蒙上多么厚重的阴影。

再深入追问，这些为人父母者是如何形成病态适应的呢？他们是怎么成为现在的样子的呢？

这就要追溯到父母的父母了。

每一个父母都曾经是孩子，每一个父母都必然有父母。哪怕不是有血缘关系的亲生父母，也会有领养关系的父母；哪怕没有领养关系的父母，也会有象征意义上的父母——主要的抚养者。没有一个孩子能够独自出生，独自长大。没有一个孩子的感受结构能够摆脱父母的感受模式的辐射，从而父母对孩子的影响是巨大的，父母对孩子将来如何当父母的影响是巨大的。

我们来看如图 4-2 所示的"亲亲子关系图"：

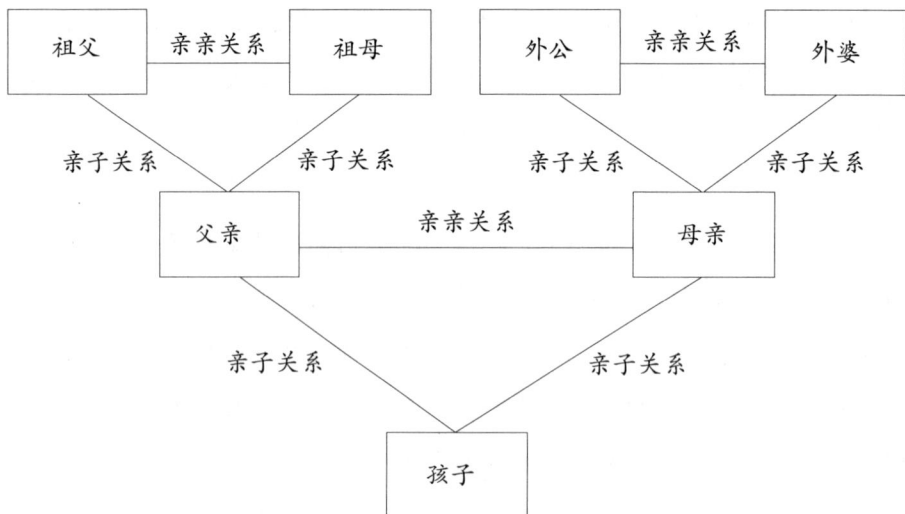

图 4-2 亲亲子关系

从图 4-2 就可以看得更明白了，影响孩子的力量是非常复杂的，并非只有父亲和母亲。在这个"亲亲子关系"中，存在着三种亲亲关系和六种亲子关系。这些关系形成了一个微妙而复杂的家庭力场，无时无刻不对孩子造成影响。

三代人相隔的时间大概在 50 年左右。这也意味着，50 年前被祖父母、外祖父母所接受的信念规条，还有极大地可能成为 50 年后的孙辈的行为指导。50 年间，沧海桑田，发生多少巨变，我们是不是要深思，当年的所有信念规条，都还适应于今天的时代呢？

如果我们不能有意识地打破旧有信念的束缚，这个循环必然会随着家族的传承而不断继续下去。

事实上，图 4-2 所展示的只是最简单的"亲亲子关系"。一些关于心理创伤的代际传承的研究表明，父辈遭受的苦难至少会传承四代人，给孩子和孩子的孩子们。[10]

几个典型的案例

接下来，我们来看几个病态适应的典型案例，你就会更明白，是不是需要与时俱进，更新自己的信念系统，以便成为更好的父母了。

有一个心理诊所曾经接待过一个非常特别的女孩子。这个女孩子打电话预约的时候，第一句话问的就是："你们这里有没有女心理医生？我一定要找女医生帮我咨询。" 接电话的护士回答说："找男医生看也一样嘛，一定要找女医生，这本身可能就是一个问题呀。"这位护士正好说对了，这个女孩子在"性"上存在着相当大的问题。[11]

这个女孩27岁，大学毕业已经4年，在工作中害怕与人交往，特别是男性领导和同事，跟他们说话就紧张、脸红、出汗，在公共场合发言常常语无伦次。这些问题严重影响了她的工作和生活，也导致她从未正式谈过一个男朋友。大家认为她脾气古怪，同事中对她有好感的男性，也因此疏远了她。

这个女孩为什么会变成这样呢？

她的父母都是大学教授，在男女交往方面思想特别保守。在女孩五六岁的时候，她和两个同龄的男孩在教工宿舍楼下玩儿，其中一个男孩提议找一个地方玩脱衣服游戏。

这很可能是孩子对大人性行为的无意识模仿。在性意识上懵懵懂懂的小女孩觉得这是个好玩的游戏，就答应了。他们来到平时没有什么人的围墙边，男孩先脱了衣服，女孩随后也脱了衣服。正在这时，女孩的妈妈跑了过来，非常愤怒地打了女儿两个耳光，恶狠狠地骂道："你怎么这么不要脸？"

"不要脸"是妈妈对这件事的评判，但对孩子来说，她根本就不知道为什么这就是"不要脸"了。但在妈妈的强势面前，孩子只能牺牲自己的感受，接受妈妈的评判。

女孩的妈妈还把这件事告诉了爸爸。从此以后，他们对女孩严防死守，从上小学一直到高中毕业，凡是和男女关系沾边的事物，都不让她接触。

比如，看电视的时候，如果有男女动作亲密的镜头，妈妈就会让她闭上眼睛不许看。到后来，一看到那样的场景，女孩就会自觉地闭上眼睛或者干脆站起来走开，这就是典型的病态适应。女孩以妈妈的感受为感受，认为妈妈的意见是对的。

上高中的时候，女孩暗恋上了一个男生，但是她却不敢表达，也不会表达。她更害怕爸妈知道她竟然早恋。只要她心里一浮现出对这个男生的兴趣时，妈妈恶狠狠地说的"不要脸"三个字就会在脑子里冒出来，让她觉得特别丢人。这是病态适应的表现。她非常渴望体验爱上一个人的那种美好情感，但因为有了妈妈的负面评判，她的判断标准就被扭曲了，真的认为自己这种美好的情感是"不要脸"的，是很羞耻的。

这个女孩子为了在爸妈提供给她的亲子环境中生存，不得不适应爸妈的价值标准，但是当这样的适应成为惯性模式后，她就很难回到正常的轨道上来了。

其实，她已经完全活出了父母当初理想中的模样。但是，秉持为了孩子好的初衷的父母，无论如何也不会相信，孩子日后在两性关系上的严重困扰竟都是出自他们当初的严苛管束。

好在这个女孩还懂得求助于心理咨询师来疗愈自己。如果她保持这样的病态适应，又赶巧结了婚，她完全有可能把这样的信念模式通过不正常的亲子关系传给下一代。

这个女孩子的病态适应症状属于比较明显的一类，而有的病态适应却很难觉察。

有一位女作家，去外国旅行。在上海浦东机场的免税店看到了一支特别中意的口红。这支口红售价270多元，对于这位收入颇丰的畅销书作家来说，其实是微不足道的一点小钱。但她却想到，同样的口红，如果到香港机场的免税店购买，可能只要250港币，可以省下几十港币。于是，她没有当场购买。后来，因为飞机延误，在香港机场转机的时间特别紧张，没法去逛免税店了，只好带着遗憾去国外。从国外旅行回来，又到香港转机，但走遍整个免税店，也没有找到那支同一型号的口红。再回到浦东机场，出发区和到达区的免税店并不互通，于是再次以遗憾告终。后来，她找遍淘宝，也没能买到这个型号的口红。[12]

明明不差钱，却为了节省几十块钱，错过了难得如此中意的口红，是不是挺让人后悔的？

为什么会出现这样的行为呢？

在永不消失的咒语中，还有一条叫作"节俭是美德"。很多父母为了节俭，可以近乎残酷地延迟满足自己的需求，甚至完全压制自己的需求。节俭在匮乏时代，可能是生存的必备信条。但是，在物质丰沛或者自身经济能力富足的时候，过度的节俭则意味着"我"的不健全，不敢理直气壮地满足自我的需求。

而且，我们还会以"节俭是美德"来赞美自己，作为抑制自我需求的补偿，让自己沉浸在道德优越感的美好感觉之中。这是不是一种不易觉察的病态适应呢？

病态适应甚至还会以"感恩"的形式呈现出来。

有一位中年女性，谈起自己的父亲，觉得自己终于理解了父亲，对父亲充满了感激之情。她说："父亲3岁时，我的祖父母就去世了，他在人生的道路上尝尽了人生百味。我15岁那年，因为家里条件实在太差，不得不辍学。那年春天，我赶着生产队里的两头牛，去离家十多公里以外的大山里放牛。整整一个春季，父亲都没有去看望我一次。一个 15 岁的女孩，没有父母的陪伴，只能靠自己坚强。现在终于明白了当初父亲为什么那样狠心。我感谢父亲让我自强自立，磨炼自己。我很坚强，生活中再苦再累，都能靠自己渡过难关。我的一双儿女现在都已经硕士毕业，参加了工作，最大的功劳归功于父亲对我的教育。"

听了这段充满感恩的话，是不是挺让人感动的？一个高大光辉的父亲形象是不是生动地浮现在我们面前？

但是，如果我们仔细倾听，就会听到这位女性潜意识中长久以来的抗议呐喊。"现在终于明白了当初父亲为什么那样狠心"，说明她"曾经很不理解父亲为什么那样狠心"，说明她曾经对父亲充满了愤怒。当时这个 15 岁的小姑娘的愤怒感受才是一个人正常的反应。她拥有的正是一个"未被充分满足的童年"，最基本的来自父母的呵护与关爱都没有得到，作为一个正常人，她难道会对此充满感激？

但为什么后来她"终于明白了当初父亲为什么那样狠心"了呢？

这就是病态适应。她必须为释放自己的愤怒找到一个合理的原因。找到这个原因后，就可以对父亲当年的行为释怀了。而且，用"感恩"的方式表达出来，一切都显得和谐美满，带给了她一种舒适感。根据人的第一反应定律，人总是力所能及地想让自己感觉好受。这位女性看似做到了，但这其实并非心灵深处的真相，而是一种病态舒适。

病态舒适的消除

人们往往陷于病态舒适而不能自拔。

为什么我们会身不由己地陷入病态舒适呢？

千万不要忘了，病态舒适也是一种舒适。与其直面自己的病态，不如得过且过享受眼前的舒适，哪怕它会带来未来更大的病态。

事实上，终此一生，我们的人生使命就是要摆脱病态舒适对我们的影响与束缚。

非此我们不能成长，非此我们不能成为合格的父母。

那我们应该如何来摆脱病态舒适呢？

美国著名的心理医生、超级畅销书《少有人走的路》的作者斯科特·派克（Scott Peck）的一个经历可以帮助我们解答这个问题。[13]

派克说："我到 37 岁才学会修理东西。在此之前，无论是修水管、电灯、根据说明书装配玩具或组合家具，我都一窍不通。虽然我读完医学院，成了家，在心理治疗与行政管理方面都勉强算得上小有成就，但一碰到机械方面的事，我就束手无策。"

派克是怎么学会修理东西的呢？

有一次，派克散步时看见一个邻居在修理剪草机。他羡慕地说："你真行，我从来不会修理任何东西。"邻居回答说："那是因为你没有花时间尝试。"这句看似简单却又暗含深意的话引发了派克的思考。

不久，有个朋友的汽车手刹车卡住了。他知道仪表板下面有个开关，但不知道开关的位置，也不知道开关是什么形状。派克开始仔细观察，虽然看不懂眼前一大堆电线、管子、杆子有什么用，但他还是慢慢找出了与刹车有关的零件是哪些，而且也搞明白了运作的程序，最后他找到了那个使刹车放不下来的小开关，用手指头一拨，问题就解决了。

派克说："由于本行与机械无关，我既没有专业知识，也没有太多时间处理机械上的问题。所以大多数情况下，我还是宁可求助于修理工人。但现在我知道，这么做是出于我自己的选择，而不是因为我先天缺少处理机械的才能。"

派克提到了一个非常重要的词——本行。就亲子养育而言，没有一个人的本行就是养育孩子。很少人在生养孩子之前接受过专业知识的培训，谁也不是天生就具备养育孩子的经验。也就是说，每一个父母都是养育孩子的外行。

派克最后的总结是：除非有智力障碍，任何人只要肯花时间，没有解决不了的问题。这个结论虽然有"努力迷信论"之嫌（详见本书第五章），并非所有的问题都能靠花时间解决，但这个道理在大多数的情形下还是适用的。

可是，大多数情形下，人们宁可得过且过，保持原样。这是因为，熟悉会带来安全感，而改变比固守更难，学习比保持无知更痛苦。

面对痛苦，我们总是力所能及地想让自己感觉好受。而且，我们乐于在那些能够让自己感觉好受的方法中选择捷径。真正的改变是特别消耗心理能量的。如果能够找到一个快速解决眼前困难的捷径，哪怕是饮鸩止渴，我们也会屈从于捷径的诱惑。由此，捷径往往就是陷阱的代名词。

不久前，一位高中校长的言论赢得了很多家长的赞同与共鸣。

这位校长是这样说的："我们要尊重每个孩子的差异，慢慢养。有的孩子天生就有读书的资质，有的孩子没有。没有资质读书的孩子是来报恩的，因为读书特别好的，将来会去美国、英国、加拿大，见面只能靠视频。读书没资质的，等我们老了可以常伴左右，今天载我们去吃牛肉丸，明天载我们去吃海鲜，想想真美好！"

成绩不好的孩子是来报恩的！

这句话迅速击中了那些为孩子成绩担忧的父母，瞬间让他们感到了宽慰。但这句话有没有道理呢？

如果"成绩不好的孩子是来报恩的"是成立的，那么，"成绩好的孩子就是来报仇的"也必然成立。

但是，如果父母们拥有选择权，他们会选择让孩子成绩好，还是不好呢？

绝大多数的父母会选择让孩子成绩好。

这样一推理，就很明白了。那些认同"成绩不好的孩子是来报恩的"的家长其实并不是真正的认同，而是在想尽办法后也没有办法让孩子的成绩能够好到让自己满意的无奈之余，给自己一点心理安慰。否则，他们的心理就会失衡、崩溃。

所以，这也是家长的病态适应。

根据被广泛接受的咒语的标准，学习好的孩子才是好孩子；学习不好的孩子，不是好孩子。这是一个非常明显的价值判断。当孩子成绩不好，父母们不得不面对价值判断下的窘境时，校长的这句话等于是解救了他们。

这其实是一种自欺欺人的低级心理防御机制。心理防御机制可以让我们远离自己的真实感受。因为真实感受有可能让我们恐惧不安、痛苦不堪。通过否认、转移等方法将不愉快的体验压入潜意识，正是最快速方便的捷径。

实际上，这位校长的观点非常荒谬。但家长们宁可用荒谬的观点来麻醉自己，也不愿面对真相，因为这是能够让自己脱困的最轻松最省力的办法。

实际上，学习和记忆是基于我们从感官信息中构建模式的能力。真正好的教学方法，是能够让绝大多数孩子热爱学习，并且成绩良好的。但这种教学方法必须建立在尊重孩子的感受的基础上，与孩子们的感官对信息的摄取、处理模式和谐一致。现有的教学方法，往往是机械式的灌输，只有少数的孩子能够适应。

英国著名教育家 A.S. 尼尔（Neill）创办的夏山学校（Summerhill school）因为采用了"因材施教"的教育方法而被誉为"最富人性化的快乐学校"。尼尔认为，孩子应该按照他们自己的意志生活，而不是望子成龙的父母或自以为是的教育家的看法，家长与教师的关心和指导只会造就一些机器人。他有一句名言："让学校适应学生，而不是让学生适应学校。"

但是，除了夏山学校，又有哪个学校的校长和老师愿意放下身段来适应学生呢？

如果采用滋养式的教学方法，绝大多数孩子都将是成绩优秀的好学生，这是另外一个话题了，在此不再展开。

套用尼尔这句话到亲子养育领域，应该是：

让父母适应孩子，而不是孩子适应父母。

但是，又有几个家长愿意放下身段，改变自我，不怕麻烦地来适应孩子呢？

家长要想建立真正良好的亲子关系，切实呵护孩子健康成长，就必须要不怕麻烦，忍受改变的痛苦，来摆脱病态适应。

家长们必须警醒过来了：不要再去强行改变孩子了，要改变的正是你们自己！

卡尔·荣格（Carl Gustav Jung）说："每一件促使我们注意到他人的事，都能使我们更好地理解自己。"如果你总是把注意力放在孩子的问题上，如果你觉得自己一切都是对的，如果你始终放不下对孩子的控制，这很可能提醒你正处于病态自我之中！

你不能接受孩子的言行，可能恰恰是你自我残缺的地方，那里有伤痛，有阴影，所以你不能忍受孩子作为你的自我变量如此行事。但是，你再也不能玩"自己有病，却让孩子吃药"的游戏了。

你必须检视一下自己所有的行为，甚至是那些被自己视为美德的做法，看一看到底是不是病态适应的结果。

我们需要按照派克医生所说的，花一点时间，加强学习，来清理自己的病态自我，清除自己的心理阴影，让亲亲关系融洽，让亲子关系良好，成为真正的滋养型父母。

当然，我们都知道，这并不容易。正如德国作家、诺贝尔文学奖获得者赫尔曼·黑塞（Hermann Hesse）所写的那样："我渴求的，无非是将心中脱颖欲出的本性付诸生活。为什么竟如此艰难呢？"

病态适应实际上就是对环境的过度适应，从而导致你失去了应变的能力。所以，摆脱病态舒适，按照真正的本性来生活才会如此艰难。

但是你别无选择！

那么，怎样做才能更好地洞悉病态自我，摆脱病态适应呢？

我们需要搞清楚以下几个重要的理念，并在此基础上消除病态适应的危害。这几个理念有：**直觉有害、理性无效、负面敏感、免疫弹性**。

直觉有害

一提到直觉，人们首先想到的是直觉的神秘力量。直觉是一种无法用科学解释的方式，快速地帮我们在极端情况下做出正确的选择，避免损失，挽救生命，等等。

英国利兹大学的心理学家霍金森（Gerard P. Hodgkinson）报告过一个直觉救命的真实案例。[14]

有名一级方程式赛车手正在赛道上驾车狂奔，在过急弯时，他突然间猛地踩下了刹车。在那一刻，刹车的冲动远远超过了他想赢得比赛的冲动。事后他才知道，在他看不见的前方，有几辆车抛锚堵死了他转弯后的赛道。如果不是这一脚突如其来的刹车，等待他的将是车毁人亡的噩运。事后，心理学家借助对录像资料的分析，帮助他在脑海中重现了当时的心理过程。

这名对自己在那个惊心动魄的瞬间为什么会踩下刹车百思不得其解的赛车手这才醒悟过来。当时他感觉到一个不同寻常的现象：观众本该欢呼但没有欢呼，本该注视他，却惊愕地注视前方。他的无意识感受到了这个异常现象，在他的理性意识做出判断之前，就提供了一种急速的冲动，让他踩下了刹车。

类似的例子很多。这充分说明，直觉对人是有益无害的。那么，我们为什么要说直觉有害呢？

直觉有害，是针对父母一方在处理亲子关系时而言的。

如果说直觉有益，那是对谁有益？直觉是为自我服务的，这个有益当然是对自己有益。但是，在亲子关系中却是存在两个自我的。两个自我都努力将对方的自我当作自己的自我的变量。而对这个自我有益的，往往对另一方的自我有害。

所以，我们说直觉有害，是指父母在处理亲子关系时，如果完全听从自己的直觉，很可能对孩子造成伤害。

直觉是一个人基于自己的感受系统所做出的一种快速判断。

一位双胞胎妈妈毫不掩饰地当着孩子的面对别人说："她们从一出生就是这样，妹妹胆子很大，对什么都很好奇，可是姐姐却对自己的影子都害怕。"

这名妈妈的直觉性判断对孩子会造成什么影响呢？

她在话语中表达了对妹妹的欣赏，对姐姐的担忧。欣赏会变成鼓励，担忧会变成诅咒，这对双胞胎姐妹未来的人格特质很有可能就会按照这位妈妈的直觉标签设定的方向发展。即便孩子们听不懂她的话，或者即便她没有当着孩子的面说这样的话，孩子们依然能感受到她的感受，从而受到影响，以至于最后完全活出她直觉中的那个模样。

但是，双胞胎中的姐姐是不是只能成长为腼腆、内向、柔弱的人呢？

显然不是。如果她得到的不是妈妈担忧性的评价，而是积极的鼓励，完全有可能变得更为活泼、外向。妈妈的直觉性评判，显然对这个孩子是有害的。

有一对再婚夫妻，双方各自带着前一段婚姻中的孩子组建了新的家庭。

妈妈凭直觉就对爸爸带来的那个孩子更体贴呵护，更宽容更大度。妈妈这样做，有助于新家庭的融洽，这是符合人的第一反应定律的。妈妈觉得只有这样做，才能让爸爸和那个孩子感觉好受，从而让自己感觉好受。

但是，妈妈对自己亲生的孩子，却严格要求，动辄批评，很少宽容和鼓励。妈妈觉得，只有这样才不会让人说自己是个偏心的妈妈。妈妈的这些行为表现，都是下意识的，出自直觉的。但这种反向歧视却必然在让另一个孩子开心的同时，伤害了自己亲生的那个孩子。

有一位父亲前来求助，他有一个12岁上小学六年级的儿子。有一天早上，他的妻子翻看手机记录发现，儿子半夜偷偷地起来，到父母的卧室拿走了手机，玩了4个多小时的手机游戏，然后又偷偷地放了回去。这位父亲得知后的第一反应就是想痛打孩子一顿。

这就是他的直觉反应！

如果他真的这样处理的话，孩子迫于家长的威权，可能会暂时屈服。但是，幸好这位父亲已经学过滋养型父母的课程，他冷静了几分钟后想到，现在孩子还小，就算靠强力手段控制住了，等到孩子长大了读中学、大学了，要去住校，那个时候就没办法控制了。而且，如果听从直觉的冲动，将孩子打一顿，对亲子关系的伤害极大，孩子也有可能变得更加叛逆，桀骜不驯。

如果能够冷静下来，从尊重孩子感受的角度去分析，你就会知道，事情其实没有那么糟糕。家长认为这个孩子的自控力有问题，实际上这个孩子的自控力相当好！

仔细想一下，这个孩子熬到半夜悄悄地起床，到父母房间拿走手机，玩4个小时，在天亮之前又放回父母的房间，这需要多好的控制力才能做到？而且，他之所以要偷偷地拿走手机，也完全考虑到了父母的感受与反应。他不想让父母生气，也知道父母生气后可能对自己进行惩罚。从这个角度看，这个孩子的智商、情商都很高。

问题出在哪里呢？还是源于父母此前对孩子的过度控制。在这件事情的处理上，如果家长按照直觉立即采取行动，显然不是最好的应对方法（具体该如何正确应对，可以参见本书第五章）。

人类的本性喜欢有序的、确定的规律性。如果遇到了模糊的情境、随机的事件，我们的大脑就会本能地去发现其中的模式与规律。社会心理学家托马斯·吉洛维奇（Thomas Gilovich）指出，这种对模糊刺激寻求规律的行为是我们在理解世界过程中建立的习惯认知方式。[15]

但是，人们运用直觉，快速判断而发现的所谓规律往往是一种错觉相关。

错觉相关就是在没有规律的地方发现规律，在没有因果关系的事情中找到因果关系。

比如，很多人感觉只要自己一洗车，天就会下雨。于是在这两者之间发现了某种神秘的规律。但事实上，你洗车后不下雨的次数比洗车后下雨的次数要多得多。但因为洗车后不下雨是很正常的事情，这两者间本来就没有任何因果关系，所以发生的次数再多，你也不会关注。而洗车后下雨是比较少见的，同时又激发了你的负面情绪（车子白洗了），只要发生一次，你就印象深刻。只要再发生一次，你就会觉得这两者间就建立了强关联，然后你就"发现"了所谓的规律。

这就是典型的错觉相关。

在亲子养育领域，孩子的正常行为你也是不太会关注的。我们在前面的章节中已经提到过"一切正常的孩子是不存在的"。而孩子的异常行为会引发你的高度关注。只要类似的异常行为发生两次以上，你就会归纳得出关于孩子性格特质的某种结论。然后就存储在你的直觉感受之中，随时调用了。

比如，有两个孩子一起参加数学考试，要完成 30 道题目。测试分为两个部分，每个部分都是 15 道题目。在第一部分，小男孩做对了 14 道题，只做错了一道题。而小女孩只做对了 6 道题，错了 9 道题。

这个时候，你是不是已经得出了结论，小男孩的数学成绩很好，而小女孩的数学成绩不行？

但是，如果你再看一下第二部分的测试结果，你就会知道，刚才的那个结论下早了。

在第二部分，小男孩做对了 6 道题，做错了 9 道题。而小女孩做对了 14 道题，只做错了 1 道题。

综合来看整个测试，这两个孩子做对和做错的题目的数量是完全一样的，他们的分数也完全一样，数学水平也应该是一样的。

但是，我们往往等不及看第二部分成绩，就根据第一部分的成绩做出了判断。心理学家经过多次研究，发现小男孩在这种情况下会被认为更有数学天分，即使是数学老师这样的专家也会这样认为。[16]

这对大器晚成的孩子是十分不利的。如果你的孩子在某些方面的发展不如你的预期，你的直觉判断就会给他提早定性，而忽略了孩子的可塑性是非常强的。一旦形成了直觉印象，此后验证性偏见就会屡屡登场，反复选择性地强化你的直觉印象，让你越来越觉得自己的直觉判断是正确无误的。从而，你的直觉对孩子造成的伤害也将越来越大。（验证性偏见就是指你所能看到的就是你期望看到的，那些和你的期望不符的证据信息被你自动过滤，视而不见）

说到这里，我们一直假定父母的自我是完全正常的，但正如前述，真实情况不是这样的。大多数人都存在病态适应的状况，大多数人的自我都是病态自我。

病态适应会直接带偏你的直觉判断。你的直觉判断会持续不断地维护病态适应下的关于你自己的假象。这样的危害就更大了！

最后，要特别强调一下，我们所说的"直觉有害"，是针对特定领域的狭义理解，是指父母在运用直觉对孩子展开养育时造成的伤害，务必不要做扩大化的理解。

理性无效

如果"理性"是一个人，站出来拉票，我相信 99% 的人都会投他的票。因为"理性"听上去很高大上，给人一种高级的、文明的感觉。而与之相对的"非理性"，则给人以低级的、原始的感觉。

但是，如果你真的义无反顾地跟着"理性"走，很可能就错了！

"理性"至少在三种情况下，会把你带上歪路。

1. 有限理性

尽管大家都希望自己能够理性应对生活中的一切，但多项心理学研究表明，人类的理性是有限的，完全的理性是不存在的。

心理学家托马斯·吉洛维奇专门写了一本《理性犯的错》（*How We Know What Isn't So*）来剖析日常生活中的种种思维谬误。

我们可以简单地举几个例子。

比如，虚假共识效应，就是指倾向于相信别人和自己想的完全一样。有的家长认为学习成绩很重要，如果小学阶段不好好学习，就考不上好的初中；考不上好的初中，就考不上好的高中；考不上好的高中，就考不上好的大学；考不上好的大学，就找不到好的工作；找不到好的工作，就找不到好的对象。这位家长就会高估和自己想法一致的其他家长的人数。这就是虚假共识。尽管实际上情况并非如此，但只要这个家长被虚假共识所迷惑，他就会变得更焦虑，对孩子的要求就会更苛刻。

再比如，如果你要给孩子找一个数学家教，现在有两个选择，一个是每小时 100 元的家教，一个是每小时 500 元的家教，你会选哪个？如果家教公司又给你增加了一个新的选择，每小时 300 元的家教，你会选哪个？

当有三个选择的时候，你往往会选择中间的那个选项。也就是说，你会给孩子选每小时 300 元的家教。你会觉得，每小时 500 元的家教，太贵了。每小时 100 元的家教，水平肯定不太行，要不怎么会这么便宜呢？所以大部分都会选 300 元一小时的家教。但在选择的时候，你其实并不知道这些家教的真实水平如何。你只是根据他们的收费标准来对他们的辅导水平做评判。请问，这样的选择真的符合理性吗？

再变换一下前提条件，现在去掉每小时 100 元的家教，就剩两个选择，每小时 300 元的家教和每小时 500 元的家教，你还会选每小时 300 元的家教吗？如果你还是同样选择他，你对自己的选择的满意程度还和刚才有三个选项的时候一样吗？

实际上，这就是框架效应。提前设定好的选择框架会悄悄地影响你的选择结果。在这样的情况下，你觉得自己的选择真的是理性的吗？

所有人的理性都是有限的，你的理性当然也是有限的。当你面对孩子的时候，尽管你认为自己很理性了，但其实你只是在未被觉察的限制中做出了选择。

2. 虚假理性

如果你的理性思考是经过病态适应过滤的，那么你的理性就是虚假理性。

所谓虚假理性就是仅仅在你自己的世界里是正确的。

比如，某地有一对博士夫妻结婚 3 年，同居 5 年，却还是没有孩子，最后家里的老人等不及了，催促俩人去医院检查。结果一检查，两个人身体特别健康，没有任何毛病。医生很纳闷，追问下去，才发现两个人在一起五年的时间竟然没有性生活！

原来，在这对博士夫妻的意识中，只要两个人睡在一起就会有孩子。他们这个幼稚的信念是从哪里来的呢？

当然是从早年的家庭生活中得来的。他们的父母，对"性"讳莫如深，谈"性"色变，当孩子问他们自己是怎么生出来的时，父母们的回答就是遮遮掩掩式的"爸爸和妈妈睡在一起就生下了你"。

天真无邪的孩子信以为真，而且在此后并未接受真正的性教育，就把这个荒谬的回答当作正确无比的信念了。

更有甚者，有不少人曾经相信"男人和女人只要亲吻，就会怀孕"。这显然也是一种源自父母的错误的性观念。

父母错误的性观念，必然导致孩子的病态适应。病态适应也带来了虚假理性。如果这样的孩子自己当了父母，在观念没有得到纠偏之前，是不是还会继续以理性的名义延续错误？

　　我们始终要自我省思，在病态适应下，你所谓的理性，真的是理性吗？

　　答案当然是未必！

3. 错位理性

　　人的理性发展是有阶段性的。不同的人，一般处在不同的理性发展阶段。也就是说，不同的人之间，往往存在着一条理性鸿沟。

　　在亲子关系中，父母和孩子显然是不在同一个发展阶段的。而且，我们说过，一个正常的孩子是活在当下的，而大人则往往活在过去或活在未来。如果大人用符合自身发展阶段的理性去要求明显和自己不同步的孩子，这就是错位理性。错位理性也就是对孩子提出了超前的理性要求。

　　埃里克·埃里克森（Erik H Erikson）把人格发展分为八个阶段，并提出了每个阶段的发展特性：[17]

　　　　婴儿期（0-1 岁）——信任对不信任

　　　　学步期（1-3 岁）——自主性对羞怯和怀疑

　　　　游戏期（3-5 岁）——主动性对内疚

　　　　学龄期（6-12 岁）——勤奋对自卑

　　　　青春期（12-18 岁）——同一性对角色混乱

　　　　青年期（18-35 岁）——亲密对孤独

　　　　成年期（35-55 岁）——繁衍对停滞

　　　　老年期（55 岁以上）——自我完善对失望

当孩子处在婴儿期和学步期的时候，父母一般处在青年期或成年期的早期。亲子之间的生命阶段显然是不一样的，你怎么能用成年人的理性水平来要求 0-3 岁的婴幼儿呢？

0-1 岁的婴儿不会说话，只能用"哭"来表达自己的强烈需求。他可能是身体感到不舒服了，也可能是因为缺乏关注而感到害怕了。如果他的父母只是告诉他"不能哭""哭是很丢人的"，婴儿能够理解并接受父母的想法吗？

1-3 岁的小孩子，对外部世界充满了好奇，探索的欲望很强烈。一个装着热水的杯子放在桌子上，他会伸出小手去触摸，但是父母知道这会给孩子带来伤害，于是立即阻止了他的探索。那么，这个阶段孩子的自主性发展就会被迫中断。如果父母特别精心地照顾他，不让他去探索任何有一定危险的东西，那么，孩子就会对自己的自主能力充满怀疑，羞怯就会成为他性格特质中很浓厚的一部分。

在这个阶段，父母的过度保护会扼杀孩子的自主性和控制感的发展，孩子就会用不自信来回应父母的过度保护。

从生物学的角度来看，人的大脑发育也是逐渐完成的。负责理性控制的大脑新皮层要在 20 多岁才基本完善。一般来说，结婚生子的时候，大脑基本发育成熟了，可以比较合理地控制自己的情绪。但孩子才刚刚起步，你不可能要求一个孩子达到他的大脑生理结构无法支撑的理性控制。

可见，在很多时候，并不是孩子故意不想听你的话，不想按照你的要求来做事，实在是他们没法控制自己。

所以，如果父母不能深刻地认识到这一点，他们的超前理性就会给孩子造成极大的负面影响。

美国亲子教育专家帕蒂·惠芙乐（Patty Wipfler）认为，孩子的每一个"非正常"的表现背后都有一个正当的理由，他们是在宣泄精神或身体上的创伤所引起的负面情绪，是在呼唤成人的关注以帮助他们更好地宣泄，从而获得最终的康复。孩子"不正常"的表现在成长过程中起着特殊的作用，如果处理得好，会有利于孩子形成健全的人格和健康的心理。

弗朗索瓦兹·多尔多也认为，如果我们想让儿童有最多的机会保存潜力，教育在指导作用方面就应该变得越轻松越好。不要想弄懂一切，而是尊重儿童"一切让我们弄不懂"的反应。

当父母的理性不能理解孩子的时候，切记不要强行套用自己的理性逻辑来强迫孩子就范。否则，超前的错位理性只能让亲子关系走向理性的反面。

以上所述，是理性无效的三种情形。我们说理性无效，并不是完全否定理性，而是强调在亲子关系中，感受第一，理性第二。如果父母不尊重孩子的感受，再好的理性也是无效的。

在第一章里，我们也曾经提到过，成年人最大的错误就是将感受过度理性化。

有这样一位年轻人，他说："我发现任何事情都无法激起我的愤怒，出了任何问题，我都是理性对待，从不生气，也没有愤怒。从小到大，现在 20 多岁了，还是这样。我的朋友说我这个样子很冷血很无情，是个怪人，但我知道我很正常。我看到其他人愤怒，认为这是可笑而且无意义的，为什么他们要争吵要愤怒，我觉得完全就没必要嘛！我没有抑郁症，也没有其他的病症，只是没什么事可以波动我的情绪，似乎理性总是在控制着我。我也一度怀疑我是不是就是冷血，是不是没有同理心，要不然我为什么对于很多事情，即使是对我有伤害的事情，我也能做到不愤怒？我一直以理性自持，我也理性解决问题，可为何身边的人不是这样？因一点小事可以吵得天翻地覆，也能为此打架，现在我很疑惑，我的不愤怒是否正常，是否是我有其他障碍呢？"

　　如果我们读过前面的章节，很容易就知道这个年轻人的感受系统已经被彻底破坏了。一个人，连最基本的愤怒情绪都消失了，他还能是一个正常人吗？

　　这个年轻人的状况就是过度理性，而过度理性实际上就是一种典型的病态适应。当一个孩子在最需要感受呵护的幼年时期，被强行施加了苛刻理性的束缚，就会变成这个样子。难道其他的父母不应该要从中吸取教训吗？

负面敏感

　　大脑最主要的一项工作就是吓人。

　　吓谁呢？

　　吓你自己。

　　大脑会夸大负面信息的危险程度和危害程度，以便让大脑的主人高度重视，以确保自身的生存。

　　心理学的实验表明，当人们面对同样数量的收益和损失时，会认为损失更加令他们难以忍受。这就是损失规避心理。

　　人们为什么对损失的在乎程度超过对收益的渴望程度呢？

　　因为损失会给人带来负面的感受，而人的本能就是要尽可能避免负面感受。人的第一反应定律已经告诉我们，当面临困难、冲突、麻烦的时候，人们总是在力所能及的范围内让自己感觉好受。

　　这条定律实际上是人类在长期的进化过程中，出于物种生存的需要而发展出来的。只有那些对负面信息更为敏感、更快做出应对的个体，才有可能在危机四伏的荒蛮环境中存活下来。

进化心理学家约翰·纽霍夫（John Neuhoff）发现，人们对"接近的声音"和"远去的声音"的敏感程度存在着明显的不对称性。当音量发生同等的变化时，接近的声音比远去的声音更容易被人觉察出来。而且，接近的声音往往被主观地认为比同等音量的远去的声音在距离上更为靠近聆听者。[18]

这就是负面敏感的一个进化证据。如果人类的祖先对于正在迫近的猛兽的声音不保持敏感的话，就很可能成为猛兽的猎物而被剥夺了繁衍的权利，也就不会有后代留下来了。而现在生存的人们，都是那些对迫近声音更敏感的人的后代，从而在基因中就继承了这种负面敏感的应对机制。

声音只是一个方面，但从这个例证我们可以推断，就总体而言，人类在进化过程中，出于生存的需要发展出了整体上对负面信息更为敏感的应对机制。这是一种可以通过基因传承下来的极端保守策略，宁可怀疑一切，也不漏过一个危险信号。

我们的孩子刚一出生，就具备了"负面敏感"的特质。在前面的章节里，我们已经提及婴幼儿时期的安全型依恋和非安全型依恋。在0-3岁期间，主要抚养者如果未能满足孩子对于依恋的基本需求，孩子就会发展出非安全型依恋。

在一项实验中，3岁的孩子被邀请观看一出木偶剧。在这个剧中，有积极事件（收到了生日礼物）和消极事件（打翻了果汁）。研究者预判，那些具备安全型依恋的孩子，对生活有积极的期望，应该对积极事件有更好的记忆。而那些非安全型依恋的孩子，对生活的期望比较消极，应该对消极事件的记忆更为深刻。实验的结果正好验证了研究者的预判。[19]

由此可见，童年时期的孩子一旦在心灵上留下负面事件的痕迹，就很容易形成消极归因的模式。

消极归因主要分为三类，分别是：

（1）个人化：负面事件的发生都是我的错；

（2）绝对化：负面事件会影响到生活的所有方面；

（3）永久化：负面事件的影响将一直存在。

消极归因的目的却起着一种积极的作用，是为了确保个体更好地生存。在负面敏感的作用下，孩子可能会过度反应，作为家长的你也会过度反应。当亲子间的两个过度反应叠加在一起的时候，往往就是亲子养育悲剧上演的时刻。

网上盛传的那个因为给孩子辅导作业而导致心肌梗死的家长，就是一个因为负面敏感而过度反应的例子。孩子一时的作业，并不能代表什么，但家长显然将作业写得不好和孩子的整个未来都不好画上了等号，然后引发剧烈情绪，进而引发生理性不适。

有一个初三的男孩子，因为学校统一要求剃寸头而不得不服从。这个年龄刚好是青春期的开始，孩子开始注重自己的外表形象了。孩子觉得剃了寸头很难看，心情有点难过，回到家里，对着父母吐槽了几句。没想到父母讲了一番大道理，什么学生应该把精力放在学习上，不要太注重外表之类的。因为父母并不觉得孩子的发型是个问题，对孩子的情绪不敏感（这是另一个向度的过度反应）。孩子觉得自己的感受从来得不到尊重（即消极归因），一气之下，选择了跳楼。

无独有偶，有一位老人因为女儿交了一个外地的男朋友而十分生气。她坐在窗台上哭诉了一个小时后，也选择了跳楼来抗议。

这种源于鸡毛蒜皮小事的家庭悲剧在现实中屡见不鲜。如果我们懂得了"负面敏感"这个人类的通性，就不会心不在焉地忽视，而是高度重视并采取滋养式的沟通来加以共情呵护，也就能少犯很多错误，减少很多悲剧。

基于负面敏感，家长们需要牢牢记住以下三点：

1. 养成关注微小负面事件的习惯

我们经常说"事情"这个词，但实际上，"事情"对一个人的影响，"事"只占20%，而"情"要占到80%。"情"就是一个人因为"事"而生发出来的情绪。"事"可能很大，但如果这个人的情绪管理模式很好，"情"就可能很小。"事"即便很小，但如果是反复累积性发生或者这个人的情绪管理模式很弱，"情"就可能很大。

对孩子来说，他的情绪管理模式远未成熟，并不能像成熟的大人一样自如控制情绪。所以，家长必须养成关注发生在孩子身上的微小负面事件的好习惯，不因事小而不为。

当然，过于担心孩子的微小负面事件，以至于无微不至地保护孩子，切断孩子一切可能的负面经历，也是绝不可取的。

2. 你对孩子的100个好也抵不上1个坏

很多家长在和孩子怄气的时候，会觉得很委屈，觉得自己平时对他那么好，偶然做事不到位一次，就被孩子各种嫌弃怨恨。其实，这是非常正常的。美好的、快乐的事情往往不会在大脑中留下影迹，因为就算忘记了，也不会影响生存。但是痛苦的、悲伤的事情必须牢牢记住，以免下一次重蹈覆辙。所以，家长在想用一些强制甚至暴力的打骂来惩罚孩子的时候，一定会被孩子牢牢记在感受银行的账户上。这显然是得不偿失的。

3. 不要刻意给孩子制造挫折

现在有一种观念很盛行，说是孩子太缺乏吃苦精神了，必须给他们进行挫折教育。于是，很多家长刻意给孩子制造一些挫折，美其名曰培养孩子的优良品格。其实这不但是多此一举，而且是过犹不及。正如前述，孩子往往是小"事"大"情"的，他在日常生活中遇到的小挫折就已经不少了，父母们如果能够运用滋养理念，帮助引导孩子应对好这些小挫折，让"事"和"情"匹配对等，就已经足够了，根本用不着故意制造挫折，给孩子增加不必要的压力。

免疫弹性

很多家长在了解了"病态适应""直觉有害""理性无效""负面敏感"之后，开始担心，自己此前是不是因为无知而犯了很多养育错误，已经对孩子造成不可逆的负面影响了。同时也会变得手足无措，失去信心，不知道到底该怎么正确养育孩子了。

我们提出这一系列概念，并不是为了吓唬父母，而是要让更多父母尽早看到不正确养育方式可能带来的危害及其内在机制，从而从主观意识上有所警醒，并且通过有效学习来加以规避。

同时，我们还有一个好消息要提供给那些已经犯了错的父母。

人类的心灵是具有天然免疫能力的。时间在某种程度上会帮助我们疏解那些消极事件带给我们的痛苦反应。

心理学家吉尔伯特（Gilbert）和威尔逊（Wilson）指出，人们会忽视自己心理免疫系统的速度与力量。他们通过实验证明，人们往往比自己所预期的更容易适应各种重大打击。而且，出人意料的是，重大的消极事件可能比轻微的愤怒所引发的痛苦持续的时间更短。（这也再次提醒我们要高度关注孩子身上发生的微小负面事件）[20]

人的这种免疫能力是有弹性区间的。

心理免疫力的弹性大小首先是因人而异。有的人天性乐观，更能承受各种各样的挫折与打击。有的人天性悲观，很容易落入负面感受的陷阱而难以自拔。

其次，免疫弹性的形成是分阶段的。在婴幼儿阶段得到充分滋养，形成了安全型依恋的孩子，他的免疫弹性就会比较大；相反，在婴幼儿阶段就遭遇情感忽视，甚至虐待的孩子，他的免疫弹性就会很小。

再次，免疫弹性与认知模式密切相关。挫折与困难并不是全然客观的事件，而是带有很强的主观认知性。只要一改变认知，挫折也许就不是挫折了。

一旦免疫弹性用尽，人就进入了病态适应的阶段。

病态适应实际上也是一种自我保护，是一种短期有效、长期有害的自我保护，以免遭受更大的身心伤害。而且，在短期有效转化为长期有害之前，是有一个免疫缓冲期的。如果在这个缓冲期中有效疏解了负面感受，病态适应就会消融化解，而不会固化，变成永久的伤害。

贝利·布拉泽顿发现，孩子们最神奇的事情之一就是他们能够自觉地不让父母操心。当整个家庭面临很大的压力时，孩子们对父母的要求会变得极少。[21]

事实上，这个时候，孩子是用短期的病态适应来帮助自己渡过难关，不给父母制造额外的压力。我们能够明显感觉到孩子突然懂事了。但是，当父母从家庭危机中恢复过来，拥有了足够的精力后，孩子会努力争取父母的关注，并且表现出悲伤、愤怒之类的情绪，以弥补短期病态适应带给自己的负面影响。

这个时候，父母们很容易陷入"你怎么这么不懂事，越活越倒退"的错误判断。因为孩子此前所表现出来的"懂事"已经提高了父母的预期，两者之间的反差在对比中显得更大，也让父母更不能接受。

父母要认识到，在家庭危机之后，孩子突然表现出来的悲伤和愤怒，是孩子为了恢复正常自我的一种努力。父母不能忽视，更不能错误看待这个信号。否则，短期有效的病态适应就会变成长期有害。

正确的做法是，父母陪同孩子一起回忆他记忆中的悲伤，一起梳理那些痛苦的经历。这个过程，实际上就是改变认知的过程。通过这种方式，孩子就能释放掉曾经被压抑的痛苦感受，也会了解到自己拥有处理痛苦经历的能力，从而为合理应对未来的困难储备应对之道。

为了更好地保护免疫弹性，利用免疫弹性，父母应该懂得如何培养孩子的复原力。

所谓复原力，就是在遭受打击之后从负面感受中恢复到正常状态的能力。这种能力就像肌肉一样，有天生的成分，也可以通过后天的训练而变得更为强大。

哥伦比亚大学临床心理学家博南诺（Bonanno）提出，负面的经历和事件本身，跟人们未来的生活境况并没有直接的对等关系。只有当人们对这些创伤性的事件有负面的回应时，它们才和未来负面的影响联系在一起。

也就是说，重要的不是事实，而是认知，对事实的认知。你看待这些负面事件的角度和回应的方式，决定了负面事件会不会对你造成影响，会对你造成多大的影响。

神经学家用实验验证了这个观点。在实验中，参加实验的人员被提供了一系列能够引起正面或负面反应的"刺激"。在给出那些原本引起负面反应的刺激时，实验者训练被试者重新从积极的角度理解这个"刺激"。当一些刺激原本会引起激烈情绪时，他训练被试者有意识地调节自己的情绪，让情绪更冷静。结果发现，被试者对于刺激的反应会根据自己的意念转变而出现真实的变化，并持续保持这种变化。这也说明，人们可以做到有意识地管理自己的情绪，而且这种能力可以通过训练得到加强，并发挥持续的作用。

具体而言，复原力的训练主要是针对负面敏感中提及的三种消极归因方式。

（1）去个人化：负面事件的发生不都是我的错，也可能是别人的错，或者是客观环境导致的。

（2）去绝对化：负面事件最多只会影响到生活的某一个方面，其他方面可以丝毫不受影响。

（3）去永久化：负面事件的影响只是暂时的，很快就会消散。

如果在归因时能够做到这三个方面，我们的免疫弹性就不会超载透支，我们的短期病态适应也将不会转化为长期危害。

著名作家奥利弗·温德尔·霍姆斯（Oliver Wendell Holmes）写道："麻烦会创造出一种处理麻烦的能力。"

我们期望的是，这种处理麻烦的能力是正常适应，而不是病态适应，不会制造新的麻烦。

总的来说，如果想改变自己的病态适应状况，你首先必须改变自己现有的感受结构。根据免疫弹性，你知道自己还有救，已经被你深刻影响了的孩子还有救。你不需要太过担心，但你确实需要根据不同的情境调整、修正你的直觉反应和理性思考，同时，对负面敏感保持脱敏性的警觉，而不是与其同步。

参考文献

[1]【英】理查德·莱亚德，戴维·克拉克.隐性繁荣：社会发展中被遗忘的心理学动力 [M]. 机械工业出版社，2016：4-5

[2]【美】乔丹·斯莫勒.正常的另一面 [M]. 生活·读书·新知，三联书店，2015：1

[3] http://discover.news.163.com/09/0917/10/5JDG13LB000125LI_mobile.html

[4]【美】肯尼斯·克罗克，琼·戈德史密斯.唤醒人的艺术 [M]. 人民邮电出版社，2008：22

[5]【美】巴塞尔·范德考克.身体从未忘记 [M]. 机械工业出版社，2018：47

[6]【美】亨利·马西，内森·塞恩伯格.情感依附：为何家会影响我的一生 [M]. 世界图书出版公司，2013：42

[7]【意】玛利亚·蒙台梭利.发现孩子 [M]. 浙江教育出版社，2016：4

[8]【美】马修·巴德，拉里·罗思坦.话是开心药 [M]. 机械工业出版社，2011：70-71

[9]【美】T·贝利·布拉泽顿.聆听孩子的心声 [M]. 京华出版社，2006：45

[10]【美】彼得·莱文.创伤与记忆 [M]. 机械工业出版社，2017：150-152

[11] http://www.sohu.com/a/271289239_246503

[12]【美】斯科特·派克.心灵地图 [M]. 远方出版社，1997：16-17

[13] http://baobao.sohu.com/20140506/n399110955.shtml

[14]【美】戴维·迈尔斯. 直觉：你所不知道的潜力与危害 [M]. 中国人民大学出版社，2008：120

[15]【美】海蒂·格兰特·霍尔沃森. 给人好印象的秘诀 [M]. 机械工业出版社，2016：20

[16]【美】杰瑞·伯格. 人格心理学 [M]. 中国轻工业出版社，2012：66-68

[17]【美】罗伯特·弗雷格，詹姆斯·法迪曼. 人格心理学 [M]. 中国人民大学出版社，2017：185-186

[18]【美】D.M. 巴斯. 进化心理学 [M]. 华东师范大学出版社，2007：110

[19]【美】大卫·沙夫. 发展心理学——儿童与青少年：第 2 版 [M]. 中国轻工业出版社，2005：426

[20]【美】戴维·迈尔斯. 社会心理学 [M]. 人民邮电出版社，2006：39

[21]【美】T·贝利·布拉泽顿. 聆听孩子的心声 [M]. 京华出版社 2006：41-42

第五章

如何构建滋养型亲子关系——
养育模式的切换

我们已经在非滋养式的不当养育方式中停留太久了，现在终于要开始构建滋养式亲子关系了。要想做好这个切换，关键的难点在于，每个人都是以自我为中心（除了那些严重丧失自我的人），不由自主地想让自己感觉好受。

　　但是，亲子关系中是存在着两个自我的。滋养是一种既让父母存在，也让孩子存在的养育方式。亲子双方很深地介入到彼此的关系之中，但是彼此之间却保持着富有弹性的合理边界。

　　在滋养关系中，双方都不霸道，也没有操控。孩子的自我重要，父母的自我同样重要。

　　在进行养育模式的切换时，为了克服顽固的"自我中心"障碍，我们需要注意以下三个重要的前提原则：**需求区隔、节奏校准、弱势优先**。

需求区隔

　　在对亲子关系中的种种问题做出反应之前，首先要问一声："这到底是谁的需求？"

在"自我中心"的推动下，家长很容易将自己的需求看作是孩子的需求，然后强制孩子接受。

有一次，我在高铁上遇到一位老阿姨，这位老阿姨说起儿媳妇来是一肚子气。

她的儿媳妇非常强势，关于育儿的一切，全部都得听她的，老阿姨只能遵照执行。孩子到了 8 个月的时候，儿媳妇说："书上说可以给孩子吃一些切成细丁状的蔬菜了，如果再继续给孩子吃米糊之类的东西，不利于孩子肠胃功能的发展。"于是儿媳妇给孩子煮面条吃时把西红柿切成细丁状放进去。结果孩子吃了之后，有点不适应，有点像要呕吐的样子。老阿姨心疼孙子，就劝阻儿媳妇先不要这样做。儿媳妇非常强硬，坚持要按书上说的办，还说这是科学育儿。老阿姨非常郁闷，但她自己没什么文化，怎么也说不过"科学"啊，只好按照儿媳妇说的做。但是每次给孩子吃细丁状的西红柿，孩子都不舒服，会呕吐。老阿姨只好趁儿媳妇不在家，她一个人带孙子的时候，把西红柿用搅拌机搅碎了煮面，结果孩子吃了就没有出现呕吐的现象。

吃细丁状的西红柿到底是不是这个 8 个月大的婴儿的需求？

实际上这是儿媳妇要强化自己在家里的控制权的需求，并不是孩子的需求。她借助书和科学的权威感，来否定婆婆的实践经验，结果是以伤害孩子为代价的。

这位儿媳妇的做法显然已经背离了滋养的要义。在这个案例中，孩子是被无视的，孩子的自我是不存在的。

有一天，我在大运河边散步，看到一位 60 多岁的爷爷，带着 2 周岁的小孙子在河边玩耍。玩着玩着，小孙子跑离了爷爷的视野。爷爷见状，趁着孩子没注意，立即躲到了一处雕塑的后面，偷偷地观看小孙子的反应。

这样的情形在中国司空见惯，几乎所有的家长，包括爸爸妈妈、爷爷奶奶、外公外婆都对孩子玩过这样的游戏。可以预料的发展及结果是，孩子独自玩了一会儿后，突然发觉大人不见了，于是就开始着急地四处寻找，然后开始害怕，甚至开始哭泣。就在这个时候，大人突然跳出来，出现在孩子面前，抱起孩子，然后开始给孩子上课："你看看，自己一个人到处乱跑，危险不危险？看你下次还敢不敢自己乱跑了……"

正所谓见怪不怪，很少有人对这一典型的中国式亲子"游戏"做一个深入的探寻。但接下来事态的发展，却超乎了我的意料。

孩子很快发现爷爷不见了，他开始转身寻找，但很快就放弃了，又独自玩了一小会儿，然后开始了大范围的寻找。但让人奇怪的是，孩子并没有表现很焦虑的神情，更没有哭闹，看上去特别地淡定。

爷爷见孙子跑来跑去找自己，继续利用孩子的视野盲点和地形掩护，暗中靠近孩子，观察孩子的表现。

爷爷期盼中的孩子大喊大哭找自己的场面始终没有出现。这个小朋友找了一会儿之后，就开始四处游荡，继续自己的玩耍。爷爷好像很不甘心，拿出了极大的耐心，一路隐蔽跟随。

爷爷表现出了一个优秀侦察兵的素质，利用地形，各种跟踪，最绝的是躲在树丫处！但这个孩子似乎忘了爷爷的存在，一个人沿着运河边的游人步道，玩耍着向前。预料中的哭闹找寻压根儿就没有出现。

我一路跟随，观察到爷爷的神情好像很不甘心，他可能怎么也没料到，他的这个小孙子完全不按常理出牌。这一路走了七八百米，耗时近30分钟。这一情景，也超出了我的预料。在跟随过程中，爷爷发现了我的存在，对我微微一笑，主动说："这小子真厉害，要是别的小孩，早就哭闹着找大人了！"

我完全赞同他的这个结论。爷爷这么和我说话，其实是他内心不得不放弃这场"游戏"。我们俩交谈了几句，谈话声被不远处的孩子听到了。这时，孩子才往回走。当他再度看到已经分离了近半个小时的爷爷时，并没有特别兴奋，整个感觉淡淡的，好像并没有发生什么。看来，在大人眼里，这一场惊心动魄的长时间分离，在他的眼里，并未产生什么波澜。

爷爷抱起孙子，一边走，一边说："要不要扔了你？"这句话反复说了好几遍。

看着爷孙俩远去的身影，我觉得，这简直就是中国式养育中的一个非常典型的隐喻。

在整个事件中，这位爷爷并未觉得自己的做法有什么不妥。我相信，绝大多数的中国家长，也会持同样的判断。但是，浮现在我心中的问题却是，这位爷爷到底要从孙子身上索取什么？更进一步，我们可以从更抽象的层面来设问：中国式家长，到底想从孩子身上索取什么？

我无意批评这位爷爷。他的做法其实是中国式家长最典型的做法。我想搞清楚的是，他们为什么要跟孩子玩这样的"游戏"？

美国心理学家埃里克·伯恩（Eric Berne）曾经提出了关于人际关系的"游戏理论"，并且给出了各种经典"游戏"的基本套路。[1]

但上述中国式的亲子躲猫猫"游戏"，并不在其列，这很可能是中国独有的一种发生在亲子之间（包括爷孙之间）的"游戏套路"。

套用伯恩的模式，这个"游戏"可以定义为："看，你是多么需要我。"言下之意，没有我，你就会很惨。这其实是在人为地为孩子制造一种恐惧感，并通过恐惧感来为孩子树立一种信念：外面的世界很恐怖，你不能离开我的保护，你必须听我的话，乖乖地按照我说的做，那才是安全的。

家长这么做的目的是强行为自己塑造出一种被需要的强烈感觉。尽管事实上，孩子并不是那么强烈地需要家长。

中国的家长之所以要玩这个"游戏"，显然是出于自己的需求（被需要的需求），而不是孩子的需求。

如果真的爱孩子，就不应该人为地给孩子制造分离焦虑。安抚孩子哭闹找寻给家长带来的快感与价值感，是以牺牲孩子心理系统的正常发育为代价的。

这个"游戏"折射出来的是，贯穿在整个中国式养育过程中的，往往是中国家长们的安全感匮乏以及爱的匮乏。这些家长在成长过程中，没有得到过充足的安全感、充足的关注、充足的爱，他们的匮乏隐藏在潜意识中，并且通过对孩子提各种各样的要求来加以满足。

滋养的基本要求就是尊重孩子的感受。如果家长始终有意识或无意识地把自己的需求放到孩子的需求之前，或者直接用自己的需求代替孩子的需求，就不可能实现滋养模式的切换。

作为家长，需要自我检视一下，有没有打着"我是为你好"的旗号而侵入孩子的自我领地，把自己的需求强加给了孩子？

所谓做好需求区隔，就是把自己的需求和孩子的需求划分出清晰的边界，然后针对孩子真正的需求采取行动，这才是有的放矢，才能做好向滋养型养育的转变。

节奏校准

当家长从非滋养模式切换到滋养模式时，也很容易犯一个节奏匹配上的错误。

家长接受了滋养的新理念，在言行上与过往截然不同了，必然也希望孩子马上做出相应的调整。但现实往往并非如此。

孩子好像很不领情，还是沿着过去的轨道前行。家长就会觉得很失望，甚至怀疑刚刚学习掌握的新理念是不对的，是没有作用的。但其实，这里面上还有一个重要环节的缺失。

这就是信任。

在遭受了过多的不当对待后，孩子的感受系统会受到严重破坏，并形成病态适应。同时，他对家长的信任感大大下降，他已经不太相信自己的父母能够真的好好待他了。甚至有些心理状况糟糕的孩子，会怀疑爸爸妈妈突然对我这么关心，这么好，背后是不是隐藏着什么"阴谋"？他就更加不敢相信了，当然也不会做出父母渴望的反馈。

这就是亲子关系的节奏错位。父母已经改变了，但孩子还没有改变（有可能是不敢改变）。

这个时候，家长应该怎么办？

是简单放弃，还是继续坚持？

只要家长一放弃，孩子就会确信自己当初的判断是对的——爸妈果然是来试探自己的，并不是真的对自己好。这等于是一次负面强化，进一步加深了亲子之间的隔阂。

所以，家长不能放弃，必须坚持下去。

但这又会出现一个新的问题。

当家长用滋养的方法来善待孩子的时候，突然发现孩子变坏了。原本安安静静、老老实实的孩子开始变得调皮了，故意搞破坏，故意惹大人生气。

这个时候，家长很容易觉得，还是原来的严厉管制的方法好。现在对孩子和眉善目，孩子得意忘形，反而就蹬鼻子上脸，给脸不要脸了。

这种想法大错特错。

事实上，这还是孩子对你的试探。他不知道你是不是真的改变了，不知道你会不会持久地改变，因为你此前的错误对待给他留下了深刻的痕迹，他还没有做好相信你的准备，还不能那么快地接受你的改变。他必须通过一次一次的试探，来证明你是真的彻底改变了。

如果家长坚持的时间不够长，半途而废，就会是又一次的负面强化，有可能导致孩子再也不相信你的改变了。

所以，家长在切换到滋养模式后，需要在较长的时间里持之以恒，效果在坚持中才会呈现。而这个坚持时间的长短，取决于你此前对孩子的伤害程度，取决于亲子之间的信任程度。

在网上有一个挨打后愤愤不平的6岁小女孩哭着对妈妈吐槽的视频，就是一个很好的例证。[2]

我们截取视频的一个片段来加以分析。

女孩（哭泣着说）：妈妈，你把我养这么大，还打我，打得这么重，我都哭了，你是不是很想让我哭？

妈妈（轻声地说）：你为什么不听话呢？

女孩（激动地说）：你说了我不听，你也要好好说啊！你不能打人呀！

妈妈（轻声地说）：我知道了，下次不打了。

女孩（又激动起来）：你把我养这么大，还打我，还骂我，还在我耳边叫，你有什么道理啊？

妈妈（愧疚地说）：没道理，是妈妈错了。

女孩：你在车上说，你今天不打我的，你还骗我！你还骗我！

你想怎么样？！妈妈！

　　妈妈（沉默）……

　　女孩：我这些话，你是不是接受不了？

　　妈妈：唔。

　　女孩（提高音量）：那你也要接受这些话！把它拍走！

　　妈妈：好的，我拍走，然后我经常看视频，我看着看着，就知道你说的话了，我就会记在心里。

　　……

　　女孩：你要把它记录下来！

仔细分析这段视频，我们可以知道，女孩之所以让妈妈拍下她要说的话，就是因为已经不相信妈妈的口头承诺了。妈妈本来说今天不打她的，结果又打她了，这破坏了亲子双方的信任关系。所以，女孩要通过拍视频，立此为证，让妈妈确保说到做到。

妈妈拍了这个视频之后，女孩暂时恢复了对妈妈的信任。妈妈承诺以后不再打她，但如果以后妈妈还继续打她，就会彻底导致她不再相信妈妈。

在很多亲子冲突中，亲子失信的程度比这个视频中所呈现的要严重得多，从而重建信任也困难得多。但是，如果信任不能重建，父母的改变是看不到效果的。而重建信任需要时间，这个时间就导致了亲子之间言行节奏的不匹配。

所以，作为家长，千万不要天真而固执地认为，你已经改变了，对方也会马上改变。甚至认为，对方也必须改变，这等于是另一种形式的控制，又走回到老路上去了。

更可怕的是，当你坚持了一段时间后，心灰意冷准备放弃了，而孩子恰好已经把节奏调整过来，准备接受你的改变了。这就会造成一个最尴尬的双输局面，进一步恶化双方的信任关系。

为了避免节奏错位，家长就需要有意识地对自己的节奏加以校准，这个校准是必须以对方（即孩子）的节奏为基准的。这才是真正尊重对方感受的第一步。在这个基础上，家长持续运用滋养的方式来对待孩子，然后无限耐心地静静等待孩子与你同频共振。

弱势优先

在亲子关系中，恃强凌弱的情况非常突出。

那么，哪一方是强势的，哪一方是弱势的？

一般而言，当然是父母处于强势地位，孩子处于弱势地位。也就是说，"欺负小孩"是父母经常做的事情。

"弱势优先"原则就是说，在发生亲子冲突时，必须让弱势一方首先表达观点。更直白地说，就是让孩子把话说完。

对很多家长来说，他们的社会经验远比孩子丰富，往往是孩子刚说两个字，家长就明白怎么回事了，然后就按照自己的理解做出快速反应——要么是训斥孩子，要么是为孩子提供解决方法。

这就剥夺了孩子的感受。一个人连话都不被允许说完，他还有什么自我存在感呢？

还有的家长，也给孩子说话的机会了，但一旦孩子的表述不能让他满意，他就会马上加以纠正。

这也是不正确的做法。

尊重孩子的感受，就要允许孩子用他的理解来描述事情的过程及全貌。孩子的感受系统和家长的感受系统是不一样的，家长不能把自己的理解强加给孩子。强迫孩子接受家长的理解，就等于让孩子消失。

只有认真倾听孩子的诉说，才能真正了解他的感受。在这个基础上，亲子双方才有共情的可能。

家长一定不要先急着解决问题，而是要让孩子有充分的时间来感受他自己的感受。急于解决问题，等于告诉孩子他当下的感受不重要，从而导致孩子推断出自己在父母的心目中不重要。

在人际关系中，强势者会身不由己地行使自己的"攻击权"。在亲子关系中，同样如此。

有些家长，动不动就对孩子又吼又叫。他们可能没有意识到这就是对孩子的猛烈攻击。孩子本来就是在探索试错中学习成长的，家长的吼叫无异于把孩子固定在弱势地位上，失去了成长的更好可能。

其实，面对孩子的时候，再弱势的父母也是强势的。当我们在处理亲子关系中的各种事情的时候，强势的父母一定要牢记"弱势优先"这条原则，至少让自己的言行有一个"悬停观察期"，先不要做出反应，看看事态到底会怎么发展，看看事情背后到底是不是另有隐情。

在亲子关系中，强势一方随时可以掌控局面，扭转局面，无论是先发制人，还是后发制人，都不成问题。但是，对于弱势一方来说，如果不允许他优先表达，他就永远失去了表达的机会。

这就是为什么必须施行"弱势优先"原则的本质原因。

我们在第二章介绍四种父母类型的时候，从感受的角度点明了不同类型父母的本质区别。最常见的控制型父母是"父母的感受重要，孩子的感受不重要"，而滋养型父母则是"孩子的感受重要，父母的感受也重要"。

为什么滋养型父母要把孩子的感受放在优先位置呢？这里体现的就是弱势优先的原则。

如果滋养型父母的特质是"父母的感受重要，孩子的感受也重要"，那么这就不是滋养型父母，而是控制型父母了。因为父母处于强势地位，如果把父母的感受放在优先位置，处于弱势地位的孩子就失去了表达、维护自己感受的可能性。"孩子的感受也重要"就等同于一纸空文了。

"弱势优先"这条原则非常简单，却非常重要，如果弱势一方的感受得不到尊重与表达，就不可能营造任何滋养的土壤与环境，一切美好的初衷与预期都将失去意义。

"弱势优先"这条原则同时也是非常有效的，只要能够切切实实做到这一点，真正的亲子滋养就开始了。

滋养型父母的养育目标

在了解了切换养育模式的前提原则后，我们再来看看滋养型亲子关系的养育目标是什么样的。

滋养型父母的目标，就是要培养出一个成功、幸福、与父母始终亲近的孩子。这三点缺一不可。

有的人取得很大的成就，确实符合世俗的成功标准，但是他们一点也不快乐。这样的人，很可能是由控制型父母养育出来的。

哈佛大学心理学教授杰罗姆·卡根（Jerome Kagan）认为："有的父

母定的目标和标准是孩子无法达到的。我认识一些人，他们是各自领域的顶尖人物，有些人还是诺贝尔奖得主，但是他们过得并不开心，而且永远也不会开心。因为他们做这些是为了取悦父母，可是父母已经在很久以前就去世了，他们再也无法讨得父母的欢心了。这个后果是父母一手造成的，父母的期望太高了。"[3]

还有的人，既取得了成功，也感觉自己很幸福，却和父母很疏远。这样的人，显然也不是滋养型父母的成果。对父母来说，始终无法割舍的是与孩子的亲情。如果孩子远走高飞，与父母形同陌路，这是父母辛劳一生最大的悲哀。

正如前述，真正的父母之爱，是在孩子的世界里，始终如一得体的存在。这也只能经由滋养才能做到。

法莎丽·萨巴瑞说："如果父母将孩子成长的各个阶段都视为长幼双方情感与精神发展的机遇，那么，双方就能建立起精神伙伴关系。"萨巴瑞所说的精神伙伴关系，就是亲子之间的滋养关系。

在滋养中成长的孩子，其人格特质将会具备如下特征：

（1）安全感充足；

（2）具备良好的共情能力；

（3）充满好奇心；

（4）具备合作意识；

（5）对人友好、和善；

（6）有明确的目标；

（7）快乐；

（8）从挫折中复原的能力强；

（9）自理能力强，自控能力强。

这难道不正是全天下的父母孜孜以求、最渴望拥有的孩子吗？

"三心二意"的父母

为了养育出成功、幸福、与父母始终亲近的孩子，父母们就不能僵化自己的思维，要时刻警惕自己被价值判断束缚，要学会为自己的思维松绑，摆脱预设的观念，将自己的状态调谐至孩子的频道。

具体而言，滋养型父母必须成为"三心二意"的父母。

三心就是"专心、耐心、童心"，二意就是"诚意、创意"。有了这三心二意，父母们就具备了滋养孩子的基础条件。

1. 专心

《2017 中国家庭亲子陪伴白皮书》基于对中国一、二、三、四线城市中有 18 岁以下孩子的 2000 户家庭进行调查后发现，97.2% 的家长愿意陪伴孩子。但是，在陪伴过程中，他们并非全神贯注，而是经常开小差。[4]

其中：

> 一边做家务，一边陪孩子的占 47.6%；
>
> 浏览微信朋友圈，刷微博的占 38.4%；
>
> 读书的占 33.85%；
>
> 和朋友打电话（包括微信语音）聊天的占 26.3%；
>
> 处理工作上的事情的占 19%；
>
> 戴耳机听音乐的占 15.45%；
>
> ……

可见，大部分的家长在陪伴孩子的时候很难做到专心。但是，孩子只在你专注的那一刻存在。当我们心不在焉的时候，孩子就消失了。（当然，这并非鼓励家长在陪伴孩子的时候要严密监控，这是控制型父母的不当做法）孩子的被动消失，对他的感受系统伤害最大。

家长的疏忽式陪伴甚至真的会让孩子彻底消失。

2018年8月5日，北京一对8岁的双胞胎姐妹在妈妈的带领下到青岛的海滩度假游玩，结果就在妈妈的眼皮底下被回流潮卷走溺亡。[5]

当时，两个孩子和其他孩子一起在沙滩上挖沙子玩耍。妈妈坐在距离孩子不远处，看一会儿手机，看一眼孩子。妈妈见孩子玩得很开心，海面上风平浪静，一切正常，就刷了一会儿朋友圈。结果，等她再抬头看孩子的时候，孩子却不见了。这位妈妈依然抱着一切正常的心态，不急不缓地寻找，直到报警，她都没有意识到孩子是出了意外。

这位妈妈其实犯了一个几乎所有家长都会经常犯的错误，那就是：

一切正常的孩子是不存在的。

这句话很容易有歧义和引起误解，需要特别说明一下。这不是说世界上没有一切正常的孩子，而是说当孩子处于一切正常的状态，或者更准确地说，当父母认为孩子处于一切正常的时候，孩子就在父母眼里消失了。父母心里会感觉踏实，然后将注意力转移到其他的事情上。

也就是说，一个表现正常的孩子很难引起父母的关注。这也是很多孩子故意要做出种种反常行为来强行获取父母关注的原因所在。

但是，孩子的生命力就是呈现在各种各样的问题中的。一个孩子如果没有问题，也就没有活力。一个没有问题的孩子等同于消失，也即是"一切正常的孩子是不存在的"。

滋养型父母在陪伴孩子的时候，必须非常专心。他需要做到让孩子在一切正常的时候也感受父母的关注，同时又不过度涉入、干扰孩子的正常行为。

专心意味着注意力的集中投注。从这个角度，我们还可以给出滋养的另一种解释：

所谓滋养，就是非评判性的注意力，就是饱含欣赏与接纳的注意力。

亲子关系中的两个自我，要想达成相互滋养的状态，注意力既是通道，也是手段。注意力是一个自我向另一个自我发出的链接。

2. 耐心

格式塔治疗的创始人弗里兹·皮尔斯（Fritz Perls）指出，我们对现实的个人感觉是由我们的知觉创造的，我们看到的是我们的经验，而不是事物本身。

然而，这往往容易被抛之脑后，或者认识不到。我们倾向于错误地把自身对世界的看法当成绝对客观的真相。换言之，我们每个人都是在用自己的偏见来理解世界。

所以，我们会固执地认为自己是对的，尤其是在面对孩子的时候。当看到孩子的想法与行为与我们不符时，我们会忍不住要去纠正孩子，让孩子马上按照我们的意见行事。

这就是缺乏耐心的典型表现。

事实上，人与人之间的节奏是完全不同的。别说大人和孩子之间了，就是大人和大人之间，也存在着巨大的节奏差异。

斯坦福大学的一个实验证明了这一点。[6]

实验邀请了一些大学生参加，把他们分成"敲击者"和"听众"两组。敲击者拿到了一份写有 25 首名曲的歌单。歌单上都是诸如《祝你生日快乐》和美国国歌《星条旗永不落》这样广为人知的歌曲。敲击者可以从中挑选出一首，然后用手在桌面上敲打出歌曲的节奏，让听众来猜是哪一首歌曲。

在此之前，实验者先请敲击者猜测一下听众能够猜出歌曲名称的概率。

敲击者平均认为有 50% 的可能会被听众猜出，毕竟这些曲目实在是太熟悉了。

但令人惊讶的是，听众猜对的概率竟然只有 2.5%——敲击者们敲了 120 次，但只有 3 次被猜对。

这项实验让敲击者们大惑不解，为什么在他们看来如此简单的游戏竟然难住了绝大多数的听众呢？

其实，当敲击者敲打歌曲旋律的时候，他们大脑中回荡着歌曲的节奏，让他们觉得这是一件很容易的事情。而听众听到的，却无异于很难辨别的摩尔斯密码。

可见，当我们按照自己的节奏行事的时候，往往觉得一切易如反掌，却丝毫不知道，对其他人来说是难于登天。

在父母孩子之间，更是存在着个性特质差异以及身体发育、大脑发育的不同，自然也会有巨大的节奏差异。如果我们不强烈提醒自己，就很难理解为什么孩子跟不上我们行走的步伐，为什么孩子跟不上我们的思维进程。

孩子自有孩子的节奏，我们必须要耐心以待，热眼旁观。

所谓"热眼旁观"，即保持高度的关注，但又不急于用你的标准去纠正你所断定的错误。我们完全可以眼睁睁地看着孩子犯错，只要犯错的结果不会导致孩子的身心遭受严重的伤害。要知道，如果你不让错误发生，孩子永远不可能亲身体验到错误。

科罗拉多大学的哲学教授大卫·霍金斯（David Hawkins）写过一篇《鼓捣在科学教学中的作用》的文章。他的观点和绝大多数追求正确和效率的人完全不同。他认为："应该有一段时间，这段时间应该比通常允许的时间要长，用于自由的、不受指导的探索工作（如果你喜欢，可以把它叫作玩耍，我称之为工作）。给孩子材料和装备等各种东西，允许他们建造、测试、调查、做试验，不要问他们任何附加的问题，也不要给他们任何指导。我把这个阶段称之为'鼓捣'。"[7]

鼓捣对很多大人来说，简直就是浪费时间，却是孩子学习与成长的必由之路。

滋养型父母的耐心就是不急于纠正孩子的那些没法让父母接受的情绪或行为，多给孩子一点时间，让他自己慢慢地，反复地体验、改正、优化。

根据人的第一反应定律，人的本能就是让自己感觉好受。当父母们按照自己的节奏急于约束、控制孩子的时候，往往是为了让自己感觉好受，而没有顾及孩子的感受。

弗朗索瓦兹·多尔多说："好学生实际上就是接受成人割掉自己的感受，并根据要求去模仿成人的孩子。既然他寻求与母亲和谐相处，那么他就会忍受母亲为使他听话而破坏他本人节奏的做法。"

所以，如果父母们不能认识到这一点，就没法看到一个完全真实的孩子。

这不是说孩子本身做不到真实，而是当孩子把自己的真实呈现出来的时候，父母缺乏足够的耐心来适应、调整，以吻合孩子的节奏的方式给予引导。父母往往以自己的感受为标准，以自己的节奏为准则强行逼迫孩子就范。

所以，孩子不敢真实，没办法真实。处于弱势的他们，只能像多尔多所说的那样，割掉自己的感受，牺牲自己的节奏，来迎合强势的家长。

事实上，孩子不断地接触新鲜事物，进入新的情境，他们需要很长的时间去适应（尤其是那些高敏感度的孩子），这是大人稍不用心就会忽略的。比如，孩子去幼儿园时的哭闹黏人，其实是用这种方式来宣泄情绪，排解恐惧与焦虑。如果用硬邦邦的强硬方式逼迫孩子就范，对孩子的感受系统会造成极大的伤害。而这种伤害又是累积性的，最终会影响孩子的一生。

对想要滋养孩子的父母来说，耐心不是一种品性修养，而是必须掌握的一种养育技能。特别是对那些已经被控制型、放任型、冷漠型养育方式损伤的孩子，我们要加倍给予耐心，让孩子经过多轮试探，慢慢相信并接受滋养型的养育方式。

所以，家长的耐心也体现在对孩子不良行为的耐受度上。

3. 童心

在成长的过程中，我们逐渐失去了童心，失去了玩耍的本能。当再度面对孩子的时候，我们已经很难回到发乎自然的赤子之心的状态。这就在父母和孩子之间制造了一道理解的鸿沟。

滋养型父母需要让自己恢复童心，才能填平鸿沟，与孩子共鸣。

也许有人会说，成人不也有各种各样的游戏吗？怎么能说他们丧失了童心呢？

成人的游戏注重规则，以赢为目的。这其实是价值判断。而正如我们一再强调的，孩子是感受判断。

临床心理学家、在儿童游戏、游戏治疗上有专长的劳伦斯·科恩（Lawrence Cohen）引用一项研究成果写道："对于成人的那些游戏，如网球、桥牌或钓鱼，用'不好玩、不自然、死板'来描述再准确不过了。成人游戏只注重方法正确和技艺高超。而像孩子一样游戏，就意味着你需要笨拙地犯错，夸张到极致，把严肃的心情放松，试着去享受乐趣。"[8]

孩子渴求的是纯粹的乐趣，在游戏玩耍的过程中，会自然而然地发挥想象力，并由此生发自己的创造力，而大人们很难做到这一点。即便是以了解儿童心理著称的玛利亚·蒙台梭利（Maria Montessori），也不免落入控制的窠臼。

教育专家约翰·霍特是这样评论蒙台梭利教学法的：[9]

在采用蒙台梭利教育法的学校里，到处在用的两种特别的材料叫作"粉红色的塔"和"棕色楼梯"。"粉红色的塔"是一套木头立方体，大小从边长 1 英寸到 4 英寸不等。孩子应该用这些立方体搭成一座楼，最大的立方体放在最下面，然后是次大的，以此类推，一直到最上面是最小的立方体。计划通过这样做，孩子会对相对大小的顺序有个更清晰的概念。"棕色楼梯"是一套棕色的木棒，所有木棒的横断面大约在 1 英寸左右，但是木棒的长度不一。孩子应该用这些木棒搭一个楼梯，最长的木棒在最下面，每次上一个台阶，最短的木棒在最上面。其目的是让孩子从中了解关于长度的概念。

毫无疑问，孩子们从中学到了一些有用的东西。但是传统的采用蒙台梭利教育法的学习对此要求非常严格，孩子们不能用这些材料做任何其他事情，不能用它们做成火车，或者房子，或者人，或者其他东西。如果他们这样做了，老师就会过来告诉他们"我们不是那样用'塔'的"，或者"不是那样用'楼梯'的"。然后告诉他们应该怎么做。如果孩子们坚持用这些材料玩想象的游戏，老师会对他们说："你们还没准备好用它们。"

大人会划分事物或工具的类别，并固定其用途，孩子却可能将一切事物当作玩具。他们不会受事物本来用途的限制，而是会发挥想象力。一个小木块，可能被他们看作是小汽车、化妆盒、魔法箱；一张小纸片，可能被他们当作钞票、护照、奖状。这才是真正的玩耍，这才是童心的无限之处。

当家长失去了童心，就会让孩子丧失真正的快乐。

快乐是一种令人向往的感受，孩子是十分渴求快乐的。但是，他们对快乐的本能需求必须屈从于已经不再快乐，甚至已经失去快乐能力的父母。父母的大脑已经被各种各样的价值判断占满，对于那些原初的、本能的快乐感受已经麻木不仁。

美国幼儿教育协会副会长马乔里·科斯提尼克博士（Marjorie J. Kosteinik）非常明确地指出：由成人安排的活动不能称为游戏，虽然它们也可能很好玩。

如果孩子的快乐是由父母的标准主导的，那么孩子永远不可能得到真正的快乐。所以，在任何非滋养方式的家庭中，真正快乐的孩子是不存在的。

也正因为如此，我们强烈地呼唤父母们要真正回归童心。

滋养型父母还需要做到两个"意"，即诚意和创意。

诚意是什么？

诚意就是用赤诚之心来对待孩子，真真切切地把孩子当作一个独立的个体来尊重，并且从孩子的立场来考量父母自身的行为，分清楚什么是孩子真正需要的，什么是父母想让孩子拥有的。父母们往往抱着"孩子现在还缺乏辨识力"的理由，将自己认为好的、对的、有用的东西强加给孩子。这就偏离了诚意。

诚意首先就要做到不欺骗孩子。大人们往往以为孩子什么也不懂，可以随口哄骗糊弄，其实，孩子的记忆力和理解力是很好的。当大人都忘了自己的言行后，孩子依然记得牢牢的。

其次，诚意要做到不敷衍孩子。父母们有时候会觉得自己的正事更重要，就随便找个理由打发孩子。这种对孩子的不尊重，孩子是能敏锐地感觉到的。

诚意还在于不随便破坏规则。家长本来是家庭规则的制定者，孩子特别渴望公平，如果家长自己可以随便破坏规则，就会让孩子心理失衡，不愿意遵守规则。

创意又是什么？

孩子天性爱玩、善玩，但父母们已经被价值标准束缚，往往陷入固定、僵硬的条条框框之中，或者直奔目的，十分功利，但这样做明显与孩子的天性不符。孩子们求新求异，好奇心十足，父母们应该拿出各种有创意的方法与措施，用好玩的方式，来与孩子互动，并顺势引导孩子。这一点在下文中（滋养型父母的五种角色之一——超级玩伴）还将详细论述。

构建滋养型亲子关系

我们通常把对孩子的养育称为"教养"，并且认为，对一个孩子展开教养是父母必不可少的责任与义务。中国古代的童蒙读物《三字经》中就有"子不教，父之过"的说法。

但是，"教"往往是无效的。

我们在前面说过，孩子是半张白纸。这张纸的另一半在孩子出生之前，就已经由上帝画好了，这就是孩子的先天禀赋和特质。这是父母无论如何也没办法教的。而且，即便是在剩下的这半张白纸上，父母也不能为所欲为。

彼得·钮鲍尔（Peter Neubauer）还找到了一对刚出生就分开，被不同的养父母带到不同的国家抚养的双胞胎。这对双胞胎久别 30 年后重逢，表现出了惊人的相似性。他们都有明显的强迫性特质：精心打扮自己，异常准时，还有洁癖，频频洗手以至于双手泛白。

当钮鲍尔询问两个人为什么会生活得如此严谨时，两个人的回答却大相径庭。哥哥将一切归因于养母。他从小生活在一个秩序井然的家庭中，养母严格要求他，每一样东西从哪里拿的，就必须放回哪里去。而弟弟却回答说："我必须这样做，因为我妈简直懒死了。" [10]

类似的同卵双胞胎案例还有很多，他们的基因是完全一致的，这就是上帝所画的那半张白纸。

还有一种说法，说孩子是复印件，而父母是原件。从而，孩子的问题，根源就在父母身上。这种说法不无道理，但一定要记住，父母去"复印"的时候，拿的不是一张全然的白纸，而是已经被上帝占用了一半的白纸。"复印"出来的效果，显然更为复杂。

美国心理学家朱迪斯·哈里斯（Judith Harris）写过一本在心理学界引发强烈争议的名为《教养的迷思》的书，此书对"教养假设"提出了严重质疑，认为父母的教养方式对孩子的人格发展没有长久的影响。[11]

朱迪斯引用的一个例证是聋哑人的孩子。

多数聋哑人只能选择与聋哑人结婚，但他们生的孩子 90% 以上具有正常的听力。这些孩子在成长过程中缺失了很多关键的体验。比如，当他们因为恐惧或疼痛大叫的时候，没有人跑过来安慰他们；当他们牙牙学语时，好不容易发出"妈妈""爸爸"的声音却没有人鼓励他们。除了最基本的要求之外，聋哑人家长几乎不跟孩子进行交流。然而，当这些孩子长大之后，并没有受到什么影响。尽管他们没有从父母那里学到英语，但他们都能说一口流利的英语。

哈佛大学的语言心理学家史蒂芬·平克（Steven Pinker）为朱迪斯站台助阵说："在许多社会中，除了偶尔的要求或斥责之外，母亲是不跟尚未学说话的孩子说话的。因为，小孩子根本听不懂你在说什么，为什么要白费力气呢？与美国 2 岁的孩子相比，这些社会中的孩子在语言发展方面显得很迟缓，但结果却是一样的，即最终他们都变成了流利的母语使用者。"

史蒂芬·平克还为朱迪斯提供了另一个例证。

第一代移民对移民国家的语言、风俗习惯、专业知识一无所知，但他们的孩子丝毫不受影响。移民的后代在操场上玩耍的时候，能够很好地学到语言，然后就开始嘲笑自己父母的语法错误。

朱迪斯的观点被认为是史上最具争议的十大心理学研究之一，与教养假设完全背道而驰。教养假设的奉行者、行为主义心理学开创者约翰·华生自信满满地说："给我一打健康的婴儿，让我在特定世界中将他们抚养成人。我保证随机挑选一个，就能把他训练成我想让他变成的行家——医生、律师、艺术家、大商人，哦，甚至是乞丐和小偷，无论他的才智、爱好、性情、能力、素质以及他们的种族如何。"[12]

显然，这是格格不入的两个极端。本书并不赞同华生将人视同为严密的机器的"教养神话"，也不完全赞同朱迪斯的"父母教养无用论"。

任何一个孩子，都带有与生俱来的天赋。如果给你一粒西瓜籽，你能种出一棵苹果树吗？显然是不能的。但是，父母的养育方式也绝不是对孩子的人格毫无影响的。朱迪斯所称的技能类的能力以及在不同情境下的人格表现，实质是人的自适应能力使然，而一个人的自适应能力和他的感受系统密切相关。

父母的养育方式会对孩子的感受系统造成极大的影响。而且，这种影响与孩子的发展阶段关联极大。0–3岁、3–6岁、6–12岁都是父母可以发挥作用的阶段，越是早期，影响越大。到了12岁之后，孩子主要就受身边的同伴影响了，父母几乎起不到什么作用了。

所以，真正的问题不在于父母的养育方式会不会对孩子造成影响，而在于父母什么样的养育会对孩子造成良性的影响。这也正是本书所要论述的核心。

其次，教，往往是强迫的。

只要你怀着"教"的发心动念，就很容易陷入"控制型父母"的窠臼。因为"教"这个词，本身就蕴含着强烈的倾向性。

"教"的意思就是，我教给你，我教，你听。我教的东西，当然是你不知道的。也就是说，我是对的，你是无知的。所以，教养明显是一种不平等关系，是一种居高临下的关系，是一种压迫感很强的关系。这自然会对亲子关系造成伤害。

早在战国时期，杰出的思想家孟子就提出了"易子而教"的观点。

在《孟子·离娄上》中，公孙丑问孟子："君子不亲自教育自己的儿子，这是为什么呢？"孟子回答说："因为情理上行不通。父亲教育儿子必然要讲正道，如果儿子做不到，父亲就会动怒。一动怒，就伤了感情了。儿子会说：'你用正确的道理来教育我，但你自己的做法就不正确。'这样，父子之间伤了感情，就坏事了。古时候，相互交换儿子进行教育，父子之间不求全责备。相互求全责备，会使父子关系疏远，父子关系疏远，没有比这更不幸的了。"

再进一步思考，为人父母者，真的有那么"对"吗？

我们往往期望孩子能够超越自己，成为比自己更优秀、更成功、更幸福的人，但另一方面，却又希望孩子听话懂事，完全按照父母的要求去做。如果孩子真的对父母言听计从，完全按照父母的想法去做，完全复制父母的思想和经验，他最多只能成为和父母一模一样的人。这不是和父母对孩子的教育目标南辕北辙吗？况且，任何一个父母，都不可能完美无瑕，都不可能完全正确，你怎么就敢理直气壮教育孩子，甚至要求孩子必须完全按你说的去做呢？

更重要的是，现在的社会发展大环境和以前完全不一样了。在一个充满确定性的社会，父母长辈的经验确实是管用的。但现在的社会日新月异，互联网新技术成为生活的标准配置，年纪大的人，越来越不能适应。曾经很管用的经验，已经变成了老黄历。有很多问题，甚至父母都要向孩子请教到底是怎么回事。在这样的社会大背景下，身为父母的我们怎么还能老方一贴，摆出一副权威的嘴脸，要求孩子必须完全听自己的呢？如果孩子真的这样做了，他还能不能适应社会的挑战呢？他还能不能具备独立生活和工作的能力呢？

所以，我们必须与时俱进地构建一种和"教养"完全不同的养育理念。

这就是滋养。

滋养是一种润物细无声的养育方式，父母充分考虑到孩子的天性和发展阶段，不自以为是，不强迫，用一种相互滋养的方式让亲子共同成长。

所以，滋养（Nourish）和教养（Nurture）是完全不同的。让我们来看看这两者的本质区别。

滋养和教养的本质区别

滋养和教养，存在着四个本质区别。

第一，教养是以父母为中心的，滋养是以孩子为中心的。

教养是以父母头脑中的理念、信念为基准的。父母认为自己是对的，然后用说教、强迫的方式灌输给孩子，会忽略、无视孩子的情绪。而滋养并不先入为主，会充分尊重孩子的感受和情绪。

孩子的行为可能是不对的，但他的情绪和感受是真实的。很多父母往往因为孩子的行为不对而不能接受孩子的愤怒、悲伤这样一些所谓的负面情绪，严厉要求孩子不许哭、不许骂人、不许反抗，等等，这完全是以父母为中心的。

以孩子为中心，就是要尊重孩子的感受，不能本能地将孩子作为自我的变量而体现出以父母的自我为中心。

滋养是以孩子为中心的，先要站到孩子立场来体会他的感受与情绪，这一点对绝大多数父母来说，往往很难做到。因为这是人的一种本能，总是从自己的感受出发，来判断别人的感受，然后以此为基础，给出评判或解决方案。但这样的评判和解决方案往往是主观性很强的偏见，没法让孩子在舒缓情绪后再接受正确的做法，反而加剧了亲子冲突。

第二，教养是以成就为导向的，滋养是以幸福为导向的。

父母对孩子进行教养，往往目标很明确，甚至可以说是很功利的。争名次，就要前几名，甚至是第一名，考大学，就要考清华、北大。这种导向就是成就导向。

在教养型父母的眼里，如果孩子达不到目标，就是不完美的。如果达到目标了，就万事大吉了。但心理学对现实中那些取得了很高的成就、社会地位高、收入高、知名度高的人进行研究后发现，其中很多人并不快乐，甚至备感孤独，没有什么幸福感。一个人要在社会上生存，取得成就肯定是重要的。但如果父母只是让孩子追求成就，往往会导致孩子情感上的失衡。说得难听一点，以成就为导向，等于把孩子塑造成机器人，很善于学习的机器人，很善于工作的机器人，却不懂得生活。

滋养是以幸福为导向的，从小注重孩子作为一个活生生的人的基本情感，帮助孩子学会处理各种情绪困扰，让孩子拥有应对逆境挫折的能力。幸福其实不仅仅是一种情绪状态，也是一种思维、一种能力，是可以通过后天的学习获得的。一个拥有幸福思维和幸福能力的孩子，才能在高压力、高竞争的社会生活中维持事业和生活的平衡，拥有高质量的人生。

第三，教养是强制推行的，滋养是融润引领的。

教养是居高临下的，因为父母认为自己是正确的，当孩子表达抗拒时，就会拿出父母的各种特权，恩威并施，强迫让孩子按照自己设定的轨道前行。

但这种以控制为目的的养育方法，会导致孩子失去自我控制的能力，甚至失去独立奋斗的动力。

滋养是用平等的姿态去滋润引领的，逐步让孩子养成自己是自己的责任主体的意识。教养是霸道地突破孩子的边界，而滋养是帮助孩子完善自己的边界。强制性的教养，要么把孩子变成没有主见、怯弱胆小的乖孩子，要么把孩子逼成叛逆性很重，处处与父母作对，处处与社会作对的人。而滋养是努力创造一种零防御、无抗拒的自然沟通状态，孩子在被尊重的氛围中，既学会了尊重他人，也学会了为自己负责。

第四，教养是单向影响的，滋养是双向互促的。

教养就是家长自说自话，不管不顾孩子的感受。指令性的话语是由家长单向发出的，指向孩子的，但这往往造成对双方的伤害。家长认为自己全是为了孩子好，只要目的正确，出发点良好，就可以不讲方法，甚至不择手段。但是家长付出了很多，却得不到孩子的理解。孩子认为家长根本就不懂自己，不顾自己的感受，内心充满了委屈与愤怒。

在滋养中，亲子双方的感受都得到了表达与宣泄，相互间比较融洽，尽管有时也会出现冲突，但总是可以在冲突中发现建设性价值，妥善处理，不留后遗症，让亲子双方更融洽。

滋养，不但可以确保孩子健康、平衡地成长，也可以让父母从孩子身上发现自己的不足，在亲子良性互动中汲取更多养分，确保双方共同成长。

我们可以用一个简单的法则来判定某一个家庭中的养育方式是不是滋养型关系。亲子之间，只要有一方感觉不舒服，或者受到了伤害，就不是滋养型亲子关系。

可能有些家长会说，我们家应该不是滋养型的亲子关系，但也没觉得有什么不好。其实，养育具有累积效应和延迟效应。养育的成果（或者说后果）

要经过长时间的累积才会呈现出来。同时，养育的影响也不是立竿见影的，而是有一个较长的延迟，以至于让你很难发现因果之间的联系。

不正确的养育方式，潜伏期是不确定的，有可能要在十几年，甚至几十年后才发作出来。但是，等到不良后果呈现，就已经没有太好的办法挽回了。

滋养型父母的五种角色

现在的父母们，其实并没有纯粹地在当父母，他们还在扮演各种各样的角色。

他们在当老师，与之相对的是，孩子的身份变成了学生。作为老师，他们不停地教育孩子，学习这个，学习那个。

他们在当教练，与之相对的是，孩子的身份变成了运动员。作为教练，他们不停地训练孩子，练习这个，练习那个。

他们在当导演，与之相对的是，孩子的身份变成了演员。作为导演，他们不停地指导孩子，这样表演，那样表演。

……

但是，当孩子变成了学生、运动员和演员，孩子就消失了。父母一直在主导、控制一切。而孩子没有一点发言权，不被允许自由发挥。

孩子作为学生，学什么，怎么学，学到什么程度才可以，全是老师家长说了算。

孩子作为运动员，练什么，怎么练，练到什么水平才可以，全是教练家长说了算。

孩子作为演员，演什么，怎么演，演到什么程度才可以，全是导演家长说了算。

……

甚至还有的家长，简直就是一个追求完美的雕塑家，面对孩子，完全把他当成了一块石头，硬是要雕出自己想要的模样。可孩子毕竟不是无知无觉的石头，家长的强制施工，肯定会给孩子造成重大的身心伤害。

这其实是控制型父母的典型做法。要想成为滋养型父母，首先必须放下控制孩子的一切的心态。

沙法丽·萨巴瑞的一首诗可以给父母们有益的提醒：

我的孩子不是供我作画的画架，

也不是供我打磨的钻石；

我的孩子不是让我炫耀的奖杯，

也不是我的荣誉徽章；

我的孩子不是一个想法、期望或幻想，

也不是我的倒影或遗产；

我的孩子不是我的傀儡或计划，

也不是我的奋斗和欲望。

我的孩子在这里摸索、踉跄、尝试、哭泣、

学习、闯祸、失败，再次尝试；

我的孩子聆听着成年人听不清楚的鼓点节奏，

跳一曲自由的舞蹈。

我的任务是站在一旁，

相信无限的可能，

治愈我自己的伤口，

装满我自己的水桶，

让我的孩子飞翔。

这首诗也可以看作是滋养型父母的一幅素描。那么，具体而言，滋养型父母应该扮演什么样的角色呢？

滋养型父母的任务可不轻松，他们需要学习并做好以下五种角色：**安全基地、情绪容器、天然权威、超级玩伴、冲突陪练**。

安全基地

先来看第一种角色——安全基地。

安全基地的概念源自约翰·鲍尔比（John Bowlby）开创的依恋理论（Attachment）。依恋是指婴儿与养育者之间的情感联结，能够为婴儿提供良好情感联结，并满足婴儿的安全感需求的主要抚养者就是婴儿的安全基地。

滋养理论中"安全基地"的内涵与鲍尔比最初的定义有所不同，鲍尔比所定义的"安全基地"主要是指父母为婴儿期的孩子所构建的一种安全的所在，而本书所定义的"安全基地"则是指父母为孩子提供横跨一生的安全所在，并非仅限于婴儿期。

安全感是人类的元需求，一切其他的需求都是从安全感需求衍生出来的（这一观点与马斯洛的需求层次论明显不同，详参《子宫理论》）。安全感是一种感受，我们把安全基地放在滋养型父母五种角色的第一种，就是为了体现"感受第一"的基本前提。

鲍尔比关于养育的核心观点是：[13]

父母能够为孩子提供一个安全基地，让孩子安心地去探索外面的世界。他知道，那里永远对他敞开。当感到痛苦时，他可以在那里得到平静；当受到惊吓时，他可以在那里得到安抚，使自己的身心得到滋养。

当孩子从妈妈的肚子里出来时，充满了不安全感。在妈妈的子宫里，孩子无忧无虑，温暖滋润，什么都不用操心。但是当他光溜溜地来到这个世界上后，寒冷饥饿，迎面袭来，还要学会自己呼吸。如果不发出第一声啼哭，还会有人打他屁股非得让他哭出声来。这简直就像从天堂来到了地狱。孩子要适应这种完全不同的新生活，离不开父母的呵护。所以，安全是婴儿的第一需求。没有父母无微不至的呵护，这个幼小的生命根本没办法继续存活。即便婴儿得到了最低限度的照顾活了下来，如果缺乏充满温情的安全呵护，孩子在长大之后，也会遭受严重的情绪困扰。

20世纪80年代，罗马尼亚严令禁止堕胎。很多年轻女性不得不铤而走险去违法堕胎，这造成了极高的孕妇死亡率，使得很多孩子刚一出生就变成了孤儿。成千上万的儿童被遗弃在拥挤不堪、无人照管的公办孤儿院里。这些孩子失去了最基本的人际互动。到了1989年，堕胎禁令被废止，成千上万的孤儿被跨国收养。

结果发现，在6个月大之前被收养的儿童成长良好，大多得到了正常的发展。然而，在6个月大之后被收养的孩子中有很多人，在情绪和智力方面的发展明显滞缓于正常儿童。到了11岁的时候，他们在智商测试中的平均得分只有 85 分，比正常儿童平均要低 15 分！随后，当他们进入青春期和成年初期，出现了很多情绪和行为上的问题。[14]

在这里要特别注意一个时间点——6 个月。

当婴儿 6 个月大之后，在安全呵护上的疏忽将会导致孩子形成不安全依恋，进而影响到他的感受系统的正常发育。一项关于领养的研究显示，满半岁（6 个月）但不足 1 岁的孩子比未满半岁的孩子更抗拒新妈妈。[15]

玛丽·安斯沃斯（Mary Ainsworth）通过实验观察，将依恋的类型分为安全型依恋（secure attachment）、回避型依恋（avoidant attachment）、矛盾型依恋（resistant attachment）几类，后来的研究者又发现了一种混乱型依恋（disorganized/disoriented attachment）。[16]

安全型依恋

孩子喜欢和主要抚养者（一般是妈妈）在一起，将妈妈作为探索外部世界的安全基地。当妈妈离开后，孩子会停止游戏，表现出不高兴。妈妈一回来，会和妈妈亲昵一会儿，然后继续自己的游戏。这是感受系统正常运作的表现。

回避型依恋

孩子很少表现出分离抗拒，对妈妈的在场、离开和返回均不在意，甚至有意回避或忽视妈妈。这是感受系统受到严重伤害的表现。

矛盾型依恋

孩子表现出强烈的分离抗拒，希望和妈妈保持接近，但对妈妈的主动接近又表现出抗拒，特别是在分离后重聚的时候。这是孩子在感受系统受到伤害后，表现出愤怒抗争的态度。

混乱型依恋

孩子的表现不一致，杂合了回避型依恋和矛盾型依恋的特征，但是具有很大的不确定性。孩子可能既打妈妈，又亲吻妈妈；有时会眼神空洞地发呆，有时会歇斯底里地大哭。这是感受系统遭到最严重伤害的表现。

依恋类型将会贯穿人的一生，当妈妈未能如期成为孩子的安全基地，不能为孩子提供足够的安全感，孩子的人生之路必将十分艰难。

约翰·鲍尔比甚至指出，母子长期性或经常性分离是"形成犯罪人格的罪魁祸首"。他的依恋理论在刚提出来的时候，因为将描述重点放在母亲身上而广受误解。英国心理学家安德里（R.G.Andry）就曾这样理解："鲍尔比博士提出的'母爱剥夺'这一概念，表明儿童成长过程中最危险的致病因素就是没了亲生母亲，经受剥夺式分离。"但实际上，鲍尔比说的不是一般的儿童，而是幼儿；说的不是一般的分离，而是长期分离；说的不是限于亲生母亲，而是主要抚养者。[17]

一般来说，在婴儿初期，妈妈一定会精心照顾孩子。所以，大部分孩子能够形成安全型依恋。但是，绝大多数父母忽略了一点，孩子对于安全的需求是一个长期的需求，甚至可以说是一生的需求。

鲍尔比在几十年后也特别指出，安全基地，是儿童、青少年或成人都可以反复离开这个基地去探索，并且在需要的时候返回。[18]

这是非常重要的。父母要始终如一地做孩子的安全基地。正如我们在前面章节中所说的，真正的父爱或母爱，绝不是什么得体地退出，而是始终如一、得体地存在。

在安全基地里，孩子可以做任何事，注意是任何事！那些在外部世界不被允许的任何出格的事。当然，那些触犯人类道德底线和法律底线的事要被极其慎重地除外。

但现实的情况往往是，当孩子稍微大了一点，父母们就开始充满责任感地去管教孩子了。可是，不得其法的管教往往是以牺牲孩子的安全感为代价的。

举一个最简单的例子。

父母们总是喜欢指出孩子的每一个小错误，告诉他们应该如何改正。这种对于错误的强调，就会让孩子产生一种感觉：只有自己变得十分完美才能够被父母接纳。这就会给孩子造成心理阴影，让他们变得胆小怯弱，不敢去尝试新鲜事物，不敢去冒险。

还有的父母发现，孩子越长越大后，越来越不愿意把内心的话告诉他们。这里的根本原因还是因为孩子缺乏安全感。因为孩子从以往的经验中得知，如果把自己真心话告诉父母，往往会被父母责骂、嘲讽，甚至是更严厉的惩罚。

所以，在绝大多数的家庭中，完全真实的孩子是不存在的。因为一旦孩子把自己所有的真实想法告诉了父母，得到的往往是严厉的训斥与规诫。

要知道，孩子只有在深深感到安全的时候，才会去冒险探索新事物，才会把心里的真实感受全部说出来。如果你的孩子，已经变得谨小慎微、沉默寡言，很可能是你没有给予他充分的安全感。也就是说，你在安全基地这个角色上，要么是失位了，要么是错位了。

所谓父母要做孩子的安全基地，就是说，无论孩子做了什么，不管做对了，还是做错了，他都不会因为行为本身而受到惩罚。父母应该探寻孩子行为背后的内心动机与出发点到底是什么，再针对性地加以指导性反馈，而不是一上来就是批评指正。

事实上，孩子做错事情，就是他在为探索现实世界交学费。做错事，孩子的收获却是不错的。如果父母过度在乎事情对与错的价值判断，就等于是提前关闭了孩子的安全基地。

如果父母真正成了孩子的安全基地，孩子在外部世界遇到了危险、困难、挫折，他就会及时地告知父母，以求得支持与帮助。反之，如果父母没有做好安全基地这个角色，就很有可能错失救助孩子的最佳时机。

比如，有一位妈妈很偶然地发现自己 11 岁的五年级女儿，竟然带着一把美工刀去上课外的乐器课。妈妈大吃一惊，连忙追问。孩子一开始还不太愿意说，后来才告诉妈妈那个教授乐器的老师行为不轨，经常在一对一授课时猥亵她。小女孩带着美工刀，想用刀来保护自己的安全，准备在老师猥亵自己的时候，拿出来划他一刀。

那么，这个小女孩为什么一开始不把真相告诉父母呢？或者说，父母为什么过了这么久，在事情已经很严重的时候，才发现女儿的情绪不对劲呢？

刚开始的时候，孩子每次去学乐器都是兴高采烈的，因为这是她的爱好。后来，孩子就不太愿意去了，妈妈再三催促，孩子才会不情愿地出门，而且要求穿上一件紧身的黑色毛衣和平时不愿意穿的紧身牛仔裤。孩子的这个举动实际上已经在向父母发出警报了，但是妈妈却没有接收到。

当妈妈发现孩子带刀去上课，还是不太相信那个老师会做出这种出格的事，继续劝说孩子不要多心。等到妈妈去接孩子的时候，发现孩子的脸色非常难看，一边说赶紧回家，一边开始掉眼泪，妈妈连连问怎么了，小女孩说老师又摸她了，妈妈说了一句"老师大概是喜欢你"，孩子听了后，瞬间号啕大哭："你以为我傻呀，老师是把手伸进我衣服里摸的！"

从这个真实事例来看，这个女孩的父母显然没有当好孩子的安全基地。如果孩子在家里，在父母面前感到充分的安全，当这个乐器老师第一次猥亵她的时候，孩子就会直截了当地向家长说明情况求助了。

可见，如果家长没有当好安全基地，不但没法让孩子在家里感到安全，更会让孩子对外面充满恐惧，不敢对别人的不良行为说"不"。

总的来说，孩子如果缺乏安全基地，就会表现出高度敏感、容易受伤、胆小怕事、畏缩不前、不敢负责，缺乏担当这样的一些心理特性。这样的孩子，不但很难取得成功，而且更难获得幸福。

心理学家埃里克·埃里克森将人生划分为 8 个阶段，第一个阶段是 0-1 岁。孩子在这个阶段的发展危机是信任与不信任。这是孩子一生中最无助的时候，他需要从对这个全新的世界的不信任中发展出信任。如果母亲或其他的主要养育者能够及时对婴儿的需求给予相应的回应，就能够增强婴儿的安全感，就会使婴儿觉得饥饿与不舒服是可以忍受的。[19]

在这个阶段，婴儿对外部世界的信任程度与他所能感受到的安全感成正比。他需要一个安全基地来形成强烈的信任感。一个母亲如果能做到以下几点，将有助于促进安全型依恋的形成。

（1）敏感：对婴儿的信号能迅速而正确地做出反应。

（2）积极：对婴儿表现出积极而正面的关心和爱。

（3）同步性：与婴儿建立默契、双向的互动。

（4）共同性：在互动中婴儿和母亲注意同一件事。

（5）支持：对婴儿的活动给予密切的注意和情感支持。

（6）引导：经常性地引导婴儿的行为。

这是针对婴幼儿阶段的做法。但我们一定要牢记，孩子对安全基地的需要是贯穿一生的。作为父母，要始终以"尊重孩子的感受"为前提，接纳他的各种行为，让孩子在父母身上及家庭中获得安全感。如果父母能够做好孩子的安全基地，孩子将会和父母保持一生的亲近与亲密。

当父母真正成了孩子的安全基地，孩子就会在与父母的互动中处于一种零防御状态，呈现出一个完全真实的孩子。这对父母来说，也是一个巨大的挑战。你能够真正无条件接纳一个完全真实的孩子吗？

情绪容器

再来看滋养式父母的第二种角色——情绪容器。

先好好体会一下"容器"的含义是什么。

作为容器，一个杯子，会不会挑剔自己被倒入的是温水，还是冰水？是咖啡，还是果汁？甚或是醋，是酒？

显然不会。

但是，绝大多数父母对孩子的情绪却是很挑剔的。他们只能接受孩子的某几种情绪，却不能接受另外的几种情绪。也就是说，孩子有的情绪是受到父母的欢迎的，有的情绪则是被拒之门外的。

比如，在传统的印第安纳瓦霍家庭中保留着一种习俗，看到了孩子第一次笑的朋友和家人可以荣幸地举办一场名为"孩子笑了"的庆祝活动。但是，我们却没有听说有哪个部族举办"孩子哭了"的庆祝活动的。

这是一种明显的情绪偏见。

我们知道，人类的基本情绪有快乐、悲伤、愤怒、恐惧、厌恶、嫉妒等。加州大学伯克利分校 2017 年 9 月发布在《美国国家科学院院刊》上的最新研究成果将人类的情绪精细划分为 27 种，包括钦佩、崇拜、欣赏、娱乐、焦虑、敬畏、尴尬、厌倦、冷静、困惑、渴望、厌恶、痛苦、着迷、嫉妒、兴奋、恐惧、痛恨、有趣、快乐、怀旧、浪漫、悲伤、满意、性欲、同情和满足。[20]

这个划分标准和其他的一些划分标准一样，还存在一些异议，但重点不在于此。人类的情绪本来就是微妙而复杂的，要精确定义的难度是很大的。更重要的一点是，不管怎么定义，它们在我们的眼里，是被区别对待的。

我们把情绪分为两类，一类是积极情绪，快乐、兴奋、浪漫这些情绪就被归入这个类别。另一类是消极情绪，恐惧、愤怒、悲伤、厌恶等就被划入了这个行列。

我们都知道，消极情绪带给我们的感受并不好。根据人的第一反应定律，我们总是力所能及地让自己好受，所以我们自然就不待见消极情绪了。当消极情绪在心里浮现的时候，我们总是想方设法，用种种的心理防御机制加以压抑、否认、转化。

事实上，负面情绪对于人类这个物种的生存具有极大的正面作用。如果负面情绪带给人的只是伤害，不利于人的生存与繁衍，自然选择早就将它淘汰了。但我们日益趋向文明的时候，却也日益将负面情绪视为洪水猛兽。

父母是将孩子作为自我的变量的。父母自己不愿意接纳负面情绪，自然也就不愿意让孩子表现出负面情绪了，更不会鼓励孩子表达他们的负面情绪了。

所以，绝大多数父母都不是孩子的情绪容器，不能接纳孩子的负面情绪。

而且，因为人类存在着共情机制，在镜像神经元的作用下，一个人的情绪会被另一个人感知，从而实现"情绪传染"。当孩子表现出负面情绪的时候，大人唯恐自己也陷入这种负面情绪就会对孩子加以严格管制，禁止他们继续表露负面情绪。

人的情绪生发，其实是一种对外界刺激的反应。这是一个人与生俱来的本能。人类自从发展出了理性，走向文明之后，越来越推崇理性的重要性，而大肆打压感性，并且把克制情感当作文明的象征。

英国思想家大卫·休谟（David Hume）所说的"理性是并且也应该是情感的奴隶，除了服务和服从情感之外，再不能有任何其他的职务"，距离我们越来越远。

大卫·休谟来自英国，英国的贵族风范就是讲究庄严肃穆，一本正经的。

这个背后就是在极力压抑人的情绪活跃度。中国古人非常重视礼仪，讲究"非礼勿视，非礼勿听，非礼勿言，非礼勿动"，这也是对情绪的极大压抑。中国人还特别推崇"喜怒不形于色""泰山崩于前而色不变，麋鹿兴于左而目不瞬"，这更是将压抑情绪的能力直接等同于判断一个人是成熟还是幼稚的标准了。

所以，孩子也会从父母身上以及其他成年人组成的社会中在情绪反应的态度上开展学习。从而，成年人的情绪偏见也会"传染"给孩子。

一项跨国研究表明，儿童的情绪表现和家庭及文化差异密切相关。

比如，在美国的许多欧洲裔的家庭中，当儿童受到批评时，他们被教育应当看着对方以示尊重，同时还应该神情严肃地表达自己的悔改之意。在墨西哥裔和非洲裔的家庭中，儿童被要求避开对方的目光来表示尊重。中国的孩子被告知在被长者批评时要面带笑容地致歉，而韩国儿童在遇到同样的情形时却被要求面无表情。[21]

在情绪偏见中，还存在一类和性别相关的偏见。这和社会文化更是直接相关。

我们的文化要求男孩勇敢、有阳刚之气，从而"哭泣"作为悲伤、怯弱的外显标志是不被允许的。男儿有泪不轻弹，一个男孩，是不能在公众场合表现出悲伤的情绪的。如果他这样做了，就会被叫作"爱哭鬼"。同样，男孩也不能表现出恐惧，如果他这样做了，我们就会给这个男孩冠以"胆小鬼"的称号。

我们的文化要求女孩温柔包容，从而"愤怒"就成了女孩不被允许的情绪。如果一个女孩在公众场合怒气勃发，大声喝骂，就会被视为"泼妇"而不招待见。

男孩不准恐惧，女孩不准愤怒，这就是情绪的性别歧视。但是，作为一个人格完整、心理正常的人，怎么可能没有七情六欲呢？我们的文化限制了我们正常的情绪表达，父母也会用文化的标准来约束孩子。

但是，这样的做法对孩子感受系统的发育无异于一种摧残。

孩子的情绪产生是一个发展丰富的过程，他对于自己及他人情绪的认知识别更需要一个学习的过程。而难度更大的挑战则是如何准确、适宜地表达情绪。

如果我们有选择地接受孩子的情绪表达，过早地限制孩子的情绪表达，就会导致孩子产生对情绪的错误认知。他们也会像大人一样，排斥负面情绪，否认负面情绪。他们会变得不懂得如何和自己的情绪，尤其是负面情绪和谐共处。他们会不知道如何正确表达情绪，才能在人际关系中既保护好自己的利益，又尊重对方的感受与边界。

这样的孩子，显然是背离滋养型父母的初衷的。所以，滋养型父母，需要成为孩子的情绪容器，可以无条件地接受孩子的任何情绪。

美国资深的亲子专家帕蒂·惠芙乐（Patty Wipfler）指出，父母对待孩子的情绪流露的典型反应是"迅速地采取措施"帮助孩子恢复平静。父母之所以这样做，是因为担心孩子会失去理性。但这不是正确的做法。相反，孩子开始哭或发脾气的时候，很重要的一点是父母要和蔼、持续地倾听，亲切地留在孩子身边，温和地抚摩或搂住他，讲几句关心的话，但不要多。假如你在此时说得太多，你就会在这种交流中凌驾于孩子之上，不能倾听孩子的话。假如你能听听孩子的想法，而不是企图"纠正"他，那么孩子就会深深地感受到你的关心。孩子把情绪通过发火或哭喊发泄出来后，会重新注意你和他周围的情况，而且一般来说，他会感到轻松和精神焕发。[22]

当孩子的各种情绪都能够不被压抑地表达出来，孩子就会知道，无论自己的情绪有多么负面，有多么消极，都是正常的现象。他并不会因为生发了那些所谓的"负面情绪"而成为一个坏孩子，一个不受欢迎的孩子。这对于幼小的心灵，是多么大的慰藉！等他长大了，也就不会因为自己的负面情绪而惊慌失措，更不会因为强行压制负面情绪而产生心理疾病。

情绪容器本身是不会产生情绪的。当孩子出现大哭大闹等强烈负面情绪的时候，情绪容器要做到耐心与恒心，不过度反应。不管孩子带给了你什么情绪，你都要确保自己不会因为孩子的情绪而爆发情绪。

比如，一个天性敏感的孩子，每次妈妈带他去超市购物时，稍有不满意，就会又哭又闹，在地上打滚。一两岁的时候是这样，到了 3 岁的时候，还是这样。一般的家长，遇到这样的孩子，早就生气了，往往以暴制暴，用威胁、呵斥、责打等方式来对待孩子。

但是，滋养型妈妈却会十分耐心而坚定地扮演情绪容器。每次孩子哭闹的时候，妈妈从不发火，把孩子从地上抱起来，然后回家。路上也不训斥教育孩子。同时，妈妈还提示身边的人，不要对孩子的表现横加指责。这样久而久之，孩子的情绪化行为就被消解掉了。

孩子的暴烈情绪被完全接纳了，他没有因此受到任何惩罚。同时，他想通过暴烈情绪来获得的不合理要求也没有得到满足。他妈妈温柔而坚定的方式，逐渐帮孩子完善了自己的情绪控制和情绪表达。

当然，这个过程是漫长的，却也是必须和值得的。但如果家长控制不住，用愤怒来打击愤怒，恐怕只会让孩子的情绪痼疾愈演愈烈。

有时候，孩子的情绪反应也可以检测出家长的情绪发展状况。家长对于孩子的某种情绪过分敏感，恰恰说明家长作为情绪容器是有漏洞的。这个漏洞很可能源自家长成长过程中遭受的不良对待。家长自己的心理阴影影响到了他对于孩子情绪的接纳度和宽容度。但这明显不该由孩子来埋单，家长应该以此为契机，强化自我疗愈，从而以更健康的形象（更坚固的容器）出现在孩子面前。

情绪容器，追求的是一种桃李不言，下自成蹊的境界。作为情绪容器，家长要树立正确的情绪价值观，认识到任何一种情绪在适度的情况下都是有利于人的个体生存的，从而能够无条件地接纳孩子的各种情绪，并通过自己对各种情绪的合理应对，来让孩子领会到如何与情绪共处，如何表达情绪，如何消解情绪对自己造成的困扰。

天然权威

滋养型父母的第三个角色是天然权威。

为什么要在权威前面加上"天然"两个字，天然权威和权威有什么不一样吗？

很多人在初为父母后很长的一段时间内，都没有意识到自己在孩子心目中的权威地位并非牢不可破的终身待遇，直到孩子的逆反行为把他们惊醒。当他们愤怒地吼出"你是我生出来的，你就得听我的"这句话的时候，他们的权威就已经完全失效了。

其实，从孩子刚出生到青春期早期，孩子的身形、力量、能力等和大人相比，都处于绝对弱小的态势，父母是无可争议的绝对权威。孩子无论做什么，都渴望得到父母的认可与帮助。这就是天然权威，是由生理过程、物理形态、心理状态、社会习俗等因素综合决定的。

天然权威是一种与生俱来的权威，是靠父母子女之间的爱来维系的，而一般的权威则是靠各种攻击性、惩罚性的强力手段来维系的。

如果父母们能够善用这种天然权威，他们的权威地位是可以终身保持的。

但是，极少有父母能够做到不滥用、不透支自己的天然权威。

关于权威，存在着一个根深蒂固的认知误区。我们大多认为，权威等于控制。一旦失控了，我们就会觉得自己不再是权威了。但其实，真正的权威是恰到好处的爱，而不是控制。

父母权威的失效，主要有两个原因：

第一个原因是过度的爱与关注。

医学博士、哈佛医学院儿科临床名誉教授贝利·布拉泽顿说，所有的父母都是出于好意，但在养育孩子上照样会犯严重的错误。可能他们确实想关心孩子，但在免受自己问题的困扰以及倾听孩子需要的程度上，两者之间可能有很大的差别。关爱孩子，当孩子需要你时，能够不顾自己去照顾孩子，这绝不是一个小小的要求。要真正做到在孩子需要时及时出现在孩子面前，可能远比表面上看起来要困难得多。[23]

父母应该给予孩子恰到好处的爱与关注，但我们总是以"爱"的名义，将自己的很多需求强加在孩子身上，以至于让孩子被爱绑架。

比如，一个孩子摔倒后的反应完全取决于大人对待他的方式。孩子摔倒在地，哭上几声，这是自然反应。如果大人神情慌张冲上前去，满脸关切，一把把孩子抱起来，搂在怀里安慰，孩子就会哭得更厉害。如果大人再狠狠跺一下脚，咒骂大地不平，害得孩子摔跤，孩子就会觉得更委屈了。这些做法，会导致孩子产生不切实际的感受，也失去了自我担责的训练机会。当这样的经验累积起来后，孩子会将情绪扩大化作为常态，并衍生出对父母的不屑一顾，因为父母明显将他放于比自身更重要的位置上。

恰当的做法是，父母快步向前，走近孩子，扶他一把，帮他站起来，还可以顺手拍拍他身上的灰尘，然后轻轻拥抱一下。整个过程，面容平静，同时可以略带微笑地注视他，但不用多说一句话。这样做，既表明了自己对孩子的关切，同时又没有用过度的关注破坏孩子的感受系统。孩子会觉得摔倒是不值得大惊小怪的，父母的适当援手在展示爱的同时，也赢得了孩子的尊重。

孔子说："君子不重则不威。"意思是说，如果一个人不自我尊重，就会失去威严，别人也不会尊重你。父母之于孩子，当然不能完全照搬君子的标准，但有一点是共通的。感受是一种相对性的体验，父母如果过于重视孩子，就等于轻视自己。父母的姿态太低，孩子难免傲气。所以，过度的爱与关注，一定会以牺牲自己的天然权威为代价。

第二个原因是过多的控制与干涉。

对于控制型父母来说，如果他们不能将孩子的自我整合进入自己的自我，就会感到很痛苦。为了让自己感觉好受，为了让孩子接受他们所认为的"对"，他们会无时无刻、不分巨细地对孩子进行管教。

当父母管教孩子的时候，他们已经失去了父母的身份，而化身为教师了。著名的教育家苏霍姆林斯基（Sukhomlinsky）在《给教师的 100 条建议》中，提出了"保密"的原则，即教师的教育意图要隐蔽在友好和无拘束的相互关系气氛中，在自然而然的状态中对学生施加教育影响。因为真正的教育是自我教育。苏霍姆林斯基这样警告道："假如一个人处处感到和知道别人是在教育他，他的自我认识与自我完善的能力就会迟钝起来……"

所有在扮演教师角色的父母们，务必从苏霍姆林斯基的告诫中清醒过来。

儿童心理学的奠基者鲁道夫·德雷克斯也指出了这样做的不良后果：由于我们不断对孩子进行指正，觉得他经常出错，会让孩子变得害怕出错。这就有可能导致孩子因为担心出错而不愿去做任何事。孩子会被恐惧压迫着，渐渐失去健康的心理。他可能会觉得，除非我很完美，否则我没有价值。然而事实上没有完美，朝着完美努力，反而容易因为绝望而放弃。[24]

在亲子关系中，控制实质上是对天然权威的削弱。每控制孩子一次，天然权威就弱化一次。过多的控制与干涉，会直接伤害亲子关系的融洽，最终导致孩子对父母的权威完全不认同。

孩子们其实并不是完全排斥规则。他们只是讨厌成年人把这些规则强加给他们，无论父母们是用爱的名义，还是用强迫的方式。

孩子心里的失望乃至绝望，累积到一定程度，在特定的情境中，最终会化作他反抗的动力。如果孩子还能够反抗，反倒是可喜的好事。如果孩子连反抗的意愿都消失了，就意味着他已经坠入了习得性无助的可怕状态。

一般来说，孩子要到了青春期，才会坚定、频繁、强烈地对抗父母的权威。但现在的孩子，由于社会整体氛围的影响，反抗意识已经很强了，甚至不必等到青春期，就表现出了坚持独立与个性的特质。

青春期的孩子，一方面是因为体内激素水平的激增而在生理上具备了反抗的冲动性，另一方面则是因为身体与力量达到甚至超越了父母的水平而具备了对抗的现实性。

在这一时期，父母会明显感觉到自身权威的失效而备感失落。有的父母不甘心接受这样的局面，就会寻求通过暴力的手段来维护自己的权威。但无论是肢体暴力，还是语言暴力，都不能重建权威，反而导致亲子关系的恶化。

其实，如果父母在前期的亲子互动中，不过分关爱、不过分纠错、不过分干涉，孩子即便到了青春期，也不会产生过多的反抗冲动。由此，我们就可以看到滋养型父母做好天然权威的必要性和重要性了。

要特别指出的是，父母只有在极少数的大是大非的问题上毫不犹豫地坚定立场，动用权威的力量，制止孩子可能遭受的严重伤害或者对他人造成严重的伤害。而在绝大多数的情形下，是无须动用权威的力量的。

父母做好天然权威的角色，孩子就无从积累负面的感受，形成的自我健康而完整，也就根本没必要通过激烈的对抗赢得对自我的控制权。

超级玩伴

滋养型父母的第四个角色是超级玩伴。

玩伴是什么意思？就是一起玩耍的伙伴。

现在有不少父母已经意识到了，应该花更多的时间去陪伴孩子的成长。但是，他们往往把陪伴理解为与孩子在一起，却忽略了在一起时的内容。所以，我们经常可以看到，父母自己在一边玩手机、和朋友聊天，而孩子也是自己玩自己的。

共处不等于陪伴。

父母和孩子待在一起，如果没有情感的流动与交融，各干各的，你玩你的，我玩我的，这样的身心分离状态并不是陪伴。

玩伴对父母的要求则更高。当孩子的玩伴，父母需要在认知和行动上做得更多。简单的、无营养的陪伴不是玩伴。

儿童发展心理学家斯坦利·格林斯潘（Stanley Greenspan）认为，仅仅和孩子待在一起，并不能提供安全依附感，孩子必须从"与他人的互动中得到心理满足"。

但是，成年人的大脑已经被价值判断牢牢占据，不但自己失去了玩的能力，甚至会认为玩是小孩子的专利，大人怎么能够和孩子玩一样的东西呢？

滋养型父母不但要求父母当孩子的玩伴，陪孩子一起高质量地玩耍，而且还要求父母成为超级玩伴。做好玩伴，有耐心，专注就可以做到。而"超级"这两个字，标准更高，需要父母能够有创意地通过玩耍来帮助孩子宣泄不良情绪，化解亲子间的冲突。

传统的养育观念认为，养孩子，只要让他吃饱穿暖，再丢给他几个玩具就可以了。这是工具思维的养育观，仅仅从"生物性长大"的角度来考虑。正如我们前面所说的"长大不等于成人"，随着心理学对养育的深化研究，越来越多的人认识到，满足孩子的情感需求也是孩子健康成长的关键因素。这是从"心理性成人"的角度来考虑的玩具思维的养育观。

对孩子来说，他的工作就是玩。玩是孩子心理成长和情感发展必不可少的主要途径。孩子在玩中学习一切。这里的"学习"二字，并不是我们通常所理解的"坐在书桌前，对着课本听说读写"，而是一切有助于身心发展的探索与历练。

史上历时最久的人类研究——哈佛大学的格兰特研究（Grant Study）从1938年开始，对268名哈佛大学大二学生和456名生活在波士顿贫民窟家庭的孩子进行跟踪调研，其中一个让人大吃一惊的结论是：孩子越早开始做家务，未来就越有可能取得成功！[25]

让孩子收衣服，其实是在教孩子认清衣物的颜色和种类，然后将它们分颜色和类型叠好收入衣柜。这个过程，锻炼了孩子归纳总结的能力。

让孩子帮忙做简单的饭菜，其实是让孩子模仿大人的行动，观察使用的食材、厨具等，是综合锻炼孩子模仿能力、观察能力和动手能力的过程。

……

苏霍姆林斯基也曾经总结说："在学校工作的十几年经验使我相信，劳动在智育中起着极其重要的作用。儿童的智慧在他的手尖上。"所以，让孩子有得玩，陪孩子好好玩绝对是父母的一项重要任务。

要特别指出的是，游戏是孩子惯用的语言，尤其是那些语言能力还没有发育完善的孩子，玩游戏是他们和父母沟通互动最主要的渠道。

所以，做好孩子的玩伴，能起到其他养育方式根本没法实现的养育目标，可以在多个方面让孩子获益良多。

第一，在玩耍游戏中让幼小的孩子扮演更强势的角色，有助于孩子建立自信。

在游戏中，父母要将自己置于弱势的位置，让孩子来扮演占据主导地位的强者。父母需要故意而且适度夸张地让自己出糗、献丑或者被孩子击败。这样做的好处，一方面可以平衡父母管教孩子时对孩子造成的心理伤害（即便再温柔的父母，也难免滥用自己的权威，从而对孩子造成压迫感），另一方面则让孩子感觉到自己的强大，从而增进自信。

父母要根据孩子的年龄及发展程度，匹配自己的示弱程度。孩子越小，父母可以越夸张地示弱。孩子渐渐长大，父母也要逐渐增强对抗程度，提高孩子的获胜难度，以便让孩子的成就感更真实，更刺激。

第二，陪伴孩子玩耍，可以更好地与孩子沟通。

父母与孩子的判断标准是不一样的，话语体系也是不一样的。但是，玩耍却可以将双方调谐至同一频道。

孩子在家庭中可能与父母产生误解，在学校或幼儿园中可能会遭受不愉快的经历。这都会造成孩子负面情绪的积累。但年幼的孩子可能还不擅长处理这些负面情绪，也不知道如何表达。而玩耍可以在不知不觉间消融孩子的心理防御，当他在和父母的玩耍中获得了充分的安全感和自信心的时候，他就可能主动将心里话告诉家长。这可能是家长用别的方法无论如何刨根问底都得不到的信息。

所以，做孩子的玩伴，可以促进与孩子的沟通，并有效帮助孩子宣泄负面情绪。

第三，巧妙化解对抗，让孩子在玩中学会规则，养成良好习惯。

现在的孩子自主意识很强，父母如果用硬邦邦的方式强行约束灌输，效果往往不好。如果采用玩耍的方式，就可以让孩子在无防御的状态下，在浸入式的体验中领悟规则，并在持续的游戏中养成遵守规则的好习惯。

很多让父母束手无策的疑难杂症，很容易就用"玩具思维"来破解（玩具思维就是指用好玩的方式来解决问题）。我们来看两个具体的案例。

不好好吃饭，是存在于孩子中的普遍现象，父母的威逼利诱都不起作用，最后往往是一顿大吼，把孩子骂哭，然后在泪水涟涟中好不容易吃完一顿饭。

一位在幼儿园家长课堂听过如何做滋养型父母课程的妈妈，用"超级玩伴"的方法很好地解决了家里两个孩子的吃饭难题。

下面是这位妈妈的心得：

> 原来叫孩子吃饭这件事情，是我自己感觉很受折磨的事情，孩子们大概也和我感受差不多。情况大概就是她们很在状态的玩儿，吃饭对她们来说并不那么重要，而我则是一个喋喋不休的妈妈，最后就是以态度强硬、恶劣强制孩子来吃饭，甚至于为了让孩子多吃一点，采取各种各样的强迫手段！听老师的课第一天，晚上回家开饭前，我问自己该怎么样做才能像老师说的那样让孩子愉快地加入吃饭这件事情？
>
> 抱着尝试的态度，我把自己变成了大猩猩并配上动作，说："我是大猩猩，我要把这一大碗饭吃完！"孩子们立刻被吸引了，马上坐好。我让自己滑稽一点，像猩猩一样吃饭，她们俩也各自选择了喜欢的角色，那一天的晚饭是她们长大以来吃的最舒心的晚饭！

就是一个简简单单的角色扮演，就把吃饭这件工具性很强的事情，变成了一个玩具性很强的游戏，然后孩子们就其乐融融地投入其中了。

现在的孩子还有一个普遍现象——喜欢玩手机或 iPad 上的游戏。这也是让父母抓狂的一个难题。他们很难让孩子放下手机，投入到该做的事情中去。

有一位家长，因为孩子在吃饭时一定要玩手机游戏而苦恼不已。在如何做滋养型父母的课程上，我用"玩具思维"给他设计了一个游戏——让孩子担任监督官的角色，看谁在吃饭时玩手机。

在这个家庭中，平时爸爸妈妈吃饭时也是手机不离手的。父母自己玩手机，却要限制孩子玩手机，这会给孩子造成心理不平衡，觉得爸妈是有特权的，会觉得不服气。而在游戏中，孩子的身份角色发生了转变。原来他是一个被监管被控制的对象，现在成了监督别人的角色。孩子立刻产生了兴趣，觉得很兴奋。然后我告诉家长，可以适当地故意摆出一副想玩手机而又担心监管而畏畏缩缩的模样，家长还可以故意违规几次，接受孩子的处罚，让孩子有一种成就感，吸引他在这个游戏中投入更多。

这个方法，让难题迎刃而解。孩子为了要监管父母，就有很大的动力来控制自己。坚持一段时间，好的习惯就在游戏中不知不觉养成了。

从这两个小案例来看，父母如果能做好孩子的超级玩伴，运用玩具思维，设计创意性的游戏去转化日常生活中的各种行为事件，就可以让亲子双方在欢声笑语中达成完美的陪伴和精神的共鸣。

不过，很多家长也会担心，自己放低身段，做孩子的玩伴，和孩子一起疯玩，会不会削弱自己的权威，失去孩子的尊重？

这种担心其实是没有必要的。父母，尤其是父亲，扮演铁面无情的冷酷权威角色的时代已经过去了。过度的控制，非但不能强化权威，反而会削弱权威。在现在这个快速变化的时代，父母只有与孩子在情感上同频共振，才能赢得他们的尊重。

做孩子的超级玩伴，除了随时带领孩子进入游戏情境之外，还有另外一个特别有效的办法——让孩子进入故事情境，即通过给孩子讲故事，让故事来巧妙地引导孩子的情绪及行为。

故事是有生命的，它的真实生命始于它开始在你心中激活的那一刻。当故事在孩子的心中拥有了生命之后，这个故事就像疫苗一样深深植入了孩子的心灵。在关键的时候，故事疫苗就会产生神奇的魔力。

比如，澳大利亚有一位从事幼儿教育很多年的妈妈，她给自己家的两个孩子讲了一个小仙女的故事。[26]

> 有两个小男孩，他们的妈妈不幸去世了。爸爸一个人独自抚养他们，既当爹，又当妈，非常辛苦。
>
> 有一天，奶奶来了。哥哥就问奶奶："爸爸为什么每天总是发脾气，怎么样才能让他开心起来呢？"奶奶说："只有找到了小仙女来家里帮忙，爸爸才会开心。""那么，到哪里去找小仙女呢？"奶奶说："树林里的那只猫头鹰知道答案。"
>
> 兄弟俩晚上偷偷地来到了树林里，找到了猫头鹰，问他办法。猫头鹰告诉了他们一个口诀，然后让他们到湖边去找小仙女。
>
> 兄弟俩来到湖边，念着口诀，然后在湖面上看到了自己的倒影。于是他们明白了，自己就是小仙女。他们回到家里，天还没有亮，兄弟俩赶紧忙开了，做好了早餐，打扫好厨房，然后回到床上继续睡觉。爸爸起床一看，开心地大叫起来："这真是快乐的一天啊，小仙女来我们家了。"

这位妈妈只给孩子讲了一遍故事。结果第二天一大早，她就听到了卫生间里传来的声音。她还以为是小偷进来了，结果起身一看，她刚刚 7 岁的大孩子正跪在浴缸里擦洗浴缸。这个妈妈悄悄地回到房间一边装睡，一边听着卫生间里的动静。她听到孩子干完活后，悄悄地回到房间睡觉去了。

等到起床后，妈妈故意惊讶地大声宣布："真是快乐的一天啊，小仙女到我们家里来了！"孩子脸上洋溢着幸福得意的微笑，却什么也没说。

接下来的两个星期，孩子天天早起，上演小仙女的故事。妈妈甚至不得不故意留一些活好让他干。

对孩子来说，故事就是具有这么神奇的魔力，比任何的说教、贿赂、威胁都要强得多！当孩子进入故事情境后，当他的想象力发挥出来之后，当他把自己代入故事成为主人公之后，故事中蕴含的正确行为及理念就像疫苗一样悄悄地渗入孩子的信念系统，然后在适当的时机产生抗体，自觉抵制不良行为及理念。

家长在引导孩子进入故事情境时应该注意以下几点：

第一，家长要非常专注地给孩子讲这个故事，手舞足蹈，眉飞色舞地全情投入会取得最好的效果。如果只是敷衍了事，孩子是能觉察到的，效果当然就不太好。

第二，孩子听了故事之后，往往会提问题。家长在回答的时候，不要过度发挥，不要借题发挥，开始对孩子进行说教，讲大道理。否则，这个故事就会失效。家长要用平静的口气，始终围绕故事的内容给出回答，不要怕内容上的重复。

第三，家长讲完故事后，如果孩子暂时没行动，不要着急，不要催促，更不要用故事去控制孩子。特别是不能责问：为什么你不能像故事里的孩子那样帮家里干家务？这是大忌，千万不要这样做。家长需要耐心，只要不是带着操控的目的，认真投入地给孩子讲故事，效果一定会出来的。家长可以偶尔自言自语地说一句："要是小仙女也来我们家多好啊！"这句话要让孩子听见，但一定不要带着强烈的预期对着孩子说。

第四，如果家长讲完故事后，孩子马上偷偷地去做家务了，你一定要当作没有发现孩子的秘密，要表现出特别兴奋的样子，让孩子以为你真的以为小仙女来帮忙了。孩子其实特别喜欢看到比自己强大的大人被自己"蒙骗"，他会有一种优越感。我们要学会让孩子享受秘密带给他的快乐。这样，他会一直有动力继续偷偷地帮家长做家务。

第五，如果孩子反复要求听这个故事，家长要不怕麻烦，继续讲给孩子听。讲的次数越多，对孩子的影响就越大。

第六，在和孩子沟通氛围特别好的时候，可以和孩子聊："如果你是小仙女，你会怎么做呢？"同样，语气不能带有明显的操控意味。否则，孩子马上会反感的。当孩子适应了这个问话并有过思考的经历后，当孩子出现了不当的行为后，家长可以提醒一句："如果你是小仙女，你会怎么做呢？"然后静静等待孩子的反应。即便他的反应不如你的预期，也不要再强行干涉控制。（关于如何用故事情境来引导孩子，我将在滋养系列的另外一本书《故事疫苗：如何用故事来影响孩子的品格和行为》中专门论述）

冲突陪练

滋养型父母的第五个角色是冲突陪练。

什么是冲突？

冲突之所以会出现，源于一个人的自我稳定性遭到了威胁。

根据一切关系的本质就是自我的变量，自我可以分为常量和变量两个部分，冲突也因之可以分为两类：一类是变量的冲突，也就是关系（特别是人际关系）的稳定性遭到了威胁，这就是关系冲突；另一类是常量的冲突，即自我的内心冲突。

关系冲突（人际冲突）是人类社会的必然现象。如何合理应对冲突是一个人成长的必修课，也是衡量一个人是否成熟、理性的重要标准。

对孩子来说，关系冲突中最主要的是人际冲突，包括与父母的冲突，与其他孩子的冲突以及与其他社会角色的冲突等。因为人与动物或其他无生命的物品也会建立关系，所以，关系冲突也会包含这一类人与物的冲突。

比如，对一个 5 岁的孩子来说，爷爷奶奶回老家去了，家里的小狗丢失了，新出生的小妹妹过多地占据了妈妈的时间（等于是妈妈"部分消失"了）都是关系冲突的具体表现。

内心冲突则是指一个人内在的自我冲突。内在冲突与一个人的信念体系直接相关。

无论哪一种冲突，都是关系的冲突。因为一切关系的本质都是自我的变量。冲突就是在相互间的变量争夺中产生的。从感受的角度来看，冲突往往以挫折的形式体现。当我们有各种各样的受挫感的时候，实质上就是发生了各种各样的冲突。

既然冲突是不可避免的，那么，重要的不是杜绝冲突，而是如何应对冲突，如何将冲突的破坏性转化为建设性。

滋养型父母要做孩子的冲突陪练，重点在于"陪练"这两个字。

所谓陪练，就是点明处理冲突的主体应该是孩子，而不是家长。家长有必要让孩子完整走过冲突的整个过程，而不是靠着自己的判断，帮助孩子解

决问题或者绕道而行。

当冲突发生在孩子和外部环境之间时，家长的本能往往是当教练，恨不得把自己的人生经验倾囊传授。但是，简单的说教并不能让孩子有深刻的领会。孩子如果不能亲身历练小的冲突，当他未来遇到大的冲突时就会束手无策。

当冲突发生在亲子之间时，家长的本能往往是去控制孩子，让自己获胜。但是，在亲子冲突中，父母每胜利一次，距离养育失败就接近一步。

所以，不论是哪一类冲突，父母都需要控制住自己的控制意识，在冲突中甘当配角，而不是主角。当陪练而不是当教练，要让孩子作为冲突的主体来承担责任。

泰国的一个微电影《菠萝冰激凌》，很好地示范了父母如何做好冲突陪练。[27]

一开始，一个小女孩要用刀削菠萝，却不知从何下手。卖水果的妈妈看见了，没有说什么，拿起一个菠萝，切了起来。小女孩在一旁看着看着，就学会了。小女孩不会削菠萝，是她遭遇的一个和外物的冲突。很多爱女心切的家长，很可能会对孩子说："你还小，干不了这个，还是让我来。"或者还有的家长，会抓住这个机会，手把手、一步步地教孩子如何削菠萝。但这两种方式，控制的痕迹、教导的痕迹，都比较重。而这个妈妈，不做教练做陪练，自己做自己的，让孩子在非常自然的感觉中学会了削菠萝。

后来，小女孩看见同学们下课后买冰激凌吃，非常羡慕，但是因为家里没钱，只能干巴巴看着咽口水。妈妈知道后，什么也没说，削了几个菠萝，切成冰激凌的大小，放到冰块中冰冻好，就做成了菠萝冰激凌。

小女孩吃了菠萝冰激凌，开心极了，觉得比一般的冰激凌还好吃，主动提出："妈妈，我们应该把它卖出去。"

妈妈没有做任何评判，马上做了一些菠萝冰激凌，让小女孩背到市场上去卖。但是，小女孩却一个也没有卖掉。她回去问妈妈："妈妈，为什么没有人买呢？"

这是小女孩遇到的一个更大的冲突（挫折）。作为家长，应该如何施以援手呢？

妈妈的回答是："那你应该到菜市场，看看其他人是怎样卖东西的。"

小女孩跑到菜市场，观察各式各样的小贩如何推销自己的产品，很快就有了灵感。回到家里，她按照学来的推销方法，成功地卖出了菠萝冰激凌，而且生意越做越大。

在整个过程中，妈妈没有越俎代庖，始终让孩子作为冲突的责任主体来面对一切，这就是最好的冲突陪练。

最后，这位妈妈说："看到她从实践中学习，自己试着解决问题，我很开心。如果有一天我不在她身边了，我相信她也能过得好。"

让孩子拥有独立承担责任的勇气和独立解决问题的能力，这不正是滋养型父母所要追求的终极目标吗？

但是，在做陪练的过程中，父母以自身的经验一般能够比孩子更早地预判结果。如果结果是负面的，父母往往很难抑制住做教练的冲动。

比如，孩子刚开始上幼儿园的时候，是没有作业意识的。有时候，老师会布置课后的手工作业，孩子很可能回到家就忘了。这时候，家长要不要提醒呢？

最好的方法是不提醒，让孩子直接去面对老师的批评。同时，家长提前和老师做好沟通，表明自己不提醒孩子就是为了从一开始培养孩子为自己独立负责的意识。这才是坚持陪练身份的正确做法。

由此还可以看到，父母其实根本用不着人为地给孩子制造挫折，让他们去接受挫折教育。生活中的挫折其实非常多，如果父母能够坚守陪练岗位，很多看似微小的挫折，都能给孩子带来巨大的锻炼价值。

我们还希望孩子在冲突中学到边界意识和规则意识。这两个意识并不是与生俱来的，这就需要父母通过自己的行为示范和讲解来向孩子宣示，确保孩子对边界与规则的理解和大人是基本一致的。

在这个基础上，父母们要用坚定而温和的态度坚持立场，用耐心和细致的态度给予孩子足够的消化时间。孩子刚开始的时候，是意识不到边界和规则的。他们会不断地试探，直到触碰到底线。但他们也不会马上就接受边界与规则的限制，他们一定会用各种各样的方法来试图拓宽边界、改变规则。父母们如果架不住他们的软磨硬泡，导致立场失守，就背离了冲突陪练的基本作用，反而让孩子们知道了只要花足够的时间去"争取"，底线是可以突破的。这样的示范就是错误的。

有一位父亲，他有一对3周岁的龙凤胎孩子。两个孩子虽然是亲姐弟，但也会像所有的孩子一样抢玩具、抢零食，抢不到的那个还会打另外一个，甚至给零食的先后顺序都会引发孩子间的争议。父母忙着给孩子们当裁判，讲道理讲到口水都干了，却很少能让两个孩子都满意。怎么办？

这位聪明的父亲定了一个规矩。如果只有一种零食，两个孩子必须统一意见决定给谁，才能得到零食。如果两个孩子意见不统一，都想自己得到零食，那么谁也得不到零食。这个规矩推动孩子们自己要去思考，怎样才能得到零食。最终孩子们自己做了决定，让爸爸把零食给双方都同意的那个孩子，然后两个孩子共同分享。在这个过程中，孩子得到了自我控制的权力，更懂得了要尊重他人的需求。这样，边界意识和规则意识的萌芽就生发了。

这位父亲的做法，只在必要的环节上发挥影响力，尽可能放权给孩子自己去做决定。这就是冲突陪练的标准做法。

一般来说，1990 年之前出生的孩子，得到的爱太少，挫折太多。1990 年之后出生的孩子，受到的挫折太少，爱太多。爱与挫折的失衡，可以在冲突中得到补偿。但如果我们对孩子不能坚持立场，就会进一步加剧失衡。

我们要记住，父母对孩子的爱可以是无限的，但是责任却不能是无限的。对孩子承担无限责任的父母，带给孩子的必将是无限的伤害。无限的爱，有限的责任，这是"冲突陪练"最核心的内在特质。孩子应该根据发展阶段，适时适度地承担属于自己的责任。

这里有两点需要特别提醒。

第一，有的家长本身的感受系统发育不良，情感控制能力偏弱，有可能在孩子哭闹的时候失控。这对孩子来说，是一个恶性示范，会导致孩子在一时无法处理冲突的时候，"学会"用暴烈的方式来发泄情绪。

第二，家长之间的一致性非常重要。如果父母或其他抚育者的立场标准不一样，就会给孩子留下"钻空子"的机会。孩子会非常敏感地判断谁的标准对他最有利，从而让冲突历练被选择性地规避。

冲突陪练对滋养型父母来说是一个重大的角色挑战，既不能沦为控制或专制，也不能不坚持立场。但不管如何，让孩子在爱中经受挫折，这是成长必不可少的一个环节。

五种角色的调和与救济

滋养型父母的这五种角色，具有不同的特性，而且和中国传统的五行理论能找到丝丝入扣的契合之处。

安全基地，能够给人安稳踏实的感觉。所以，安全基地具有"土"的特性。

情绪容器，考验的是其承受力。打铁需要自身硬，一个容器只有坚固强大，才能容纳一切。所以，情绪容器具有"金"的特性。

天然权威，可以用树与风的关系来比拟。风儿不吹的时候，树是静静的，不主动干涉风的动向。但只要风一吹过来，树马上有反应，树叶哗哗作响。而且，树的反应程度与风力的强度完全成正比。风吹得急，树反应强烈；风吹得柔，树反应舒缓。树就是父母，风就是孩子。所以，天然权威具备"木"的特性。

超级玩伴，需要父母随形就势，灵活机动，随机应变，这和水变化多端的特性非常一致。所以，超级玩伴具备"水"的特性。

冲突陪练，一定程度上会让孩子感到难受。这就像是人与火的关系。人与火之间，只有保持了合适的距离，才能取暖。如果人过分逼近了火，就会被炙伤。所以，冲突陪练具备"火"的特性。

在五行理论中，金木水火土这五行之间存在着生克现象。五行相生是：木生火，火生土，土生金，金生水，水生木；五行相克是：木克土，土克水，水克火，火克金，金克木。

我们取其辩证之意，也能发现滋养型父母的五种角色之间的调和与救济。

比如，如果父母在孩子的关键时期（3岁之前），没有当好安全基地，孩子与父母的亲密度差，信任感低，父母想当孩子的超级玩伴就会遇到困难，这就相当于"土克水"。

又如，如果父母当好了孩子的超级玩伴，孩子对父母的尊重与亲密同时增强，这就相当于"水生木"。

再如，如果父母在当冲突陪练的时候，自己的情绪失控，不能包容孩子的情绪，这就相当于"火克金"。

以上只是试举几例，更多的例子将在丰富的实践中呈现。

　　一般来说，并不是所有的人都能够完美演绎滋养型父母的这五种角色，如果我们在某几种角色上有所欠缺，完全是正常的。我们可以想办法通过另外几种角色的强化来加以弥补。或者，我们也可以邀请亲朋好友中愿意和孩子亲密共处的人来担任"第三家长"，以弥补自身在五种角色功能上的不足。事实上，也不是一定要完美无缺，才能当好滋养型父母，构建好滋养型亲子关系。

　　总之，如果我们能够以尊重孩子的感受为基点，辨识并摆脱病态适应的束缚，致力于提升自己的"三心二意"，努力按照滋养型父母的五种角色去要求自己，就一定能够在自己的家庭中营造出幸福和谐、其乐融融的亲子氛围，让孩子健康成长！

2018 年 12 月 12 日初稿完成

2019 年 3 月 5 日二稿改定

参考文献

[1]【美】埃里克·伯恩.人间游戏：人际关系心理学 [M]. 中国轻工业出版社，2014：49-53

[2] https://v.youku.com/v_show/id_XMjUyNjkwNDIzMg==.html?spm=a2h0k.11417342.soresults.dposter

[3]【美】爱德华·哈洛韦尔.童年，人生幸福之源 [M]. 浙江人民出版社，2013：39

[4] https://www.sohu.com/a/216728461_519796

[5] https://baijiahao.baidu.com/s?id=1608060027630506788&wfr=spider&for=pc

[6]【美】奇普·希思，丹·希思.让创意更有黏性 [M].中信出版社，2007：XXII-XXIII

[7]【美】约翰·霍特.孩子是如何学习的 [M]. 陕西人民出版社，2006：202-203

[8]【美】劳伦斯·科恩.游戏力 [M]. 中国人口出版社，2016：91

[9]【美】约翰·霍特.孩子是如何学习的 [M]. 陕西人民出版社，2006：226-227

[10]【美】罗伯特·卡伦.依恋的形成 [M]. 中国轻工业出版社，2018：270

[11]【美】朱迪斯·哈里斯.教养的迷思 [M].上海译文出版社，2015：1，82-83

[12]【美】约翰·华生.行为主义 [M]. 北京大学出版社，2012：扉页

[13]【英】约翰·鲍尔比.安全基地：依恋关系的起源 [M].世界图书出版公司，2017：13

[14]【美】凯瑟琳·伯格.0-12 岁儿童心理学 [M].中国轻工业出版社，2017：235-236

[15]【美】罗伯特·卡伦.依恋的形成 [M].中国轻工业出版社，2018：97

[16]【美】大卫·沙夫.发展心理学——儿童与青少年：第 4 版 [M].中国轻工业出版社，2005：416-418

[17]【美】罗伯特·卡伦.依恋的形成 [M].中国轻工业出版社，2018：113

[18]【英】约翰·鲍尔比.安全基地：依恋关系的起源 [M].世界图书出版公司，2017：49

[19]【美】罗伯特·弗雷格，詹姆斯·法迪曼.人格心理学：人格与自我成长 [M].中国人民大学出版社，2017：174

[20] https://www.sohu.com/a/194966066_176975

[21]【美】马乔里·科斯特尼克等 .0-12 岁儿童社会性发展 [M].中国轻工业出版社，2018:134

[22]【美】帕蒂·惠芙乐.倾听孩子：家庭中的心理调适：第 2 版 [M].北京大学出版社，2007：10

[23]【美】贝利·布拉泽顿.聆听孩子的心声 [M].京华出版社，2006：4

[24]【美】鲁道夫·德雷克斯，薇姬·索尔兹.孩子：挑战 [M].三联书店出版社，2015：157

[25] https://www.ted.com/talks/julie_lythcott_haims_how_to_raise_successful_kids_without_over_parenting#t-521044

[26]【澳】苏珊·佩罗.故事知道怎么办[M].天津教育出版社，2011：16-18

[27] https://www.iqiyi.com/w_19rrvfh8cd.html

完美孩子 or 正常孩子

养育孩子是一条不可逆的单行道，父母耗费一辈子的心血，到底要养育出一个什么样的孩子才不会后悔呢？

很多父母的答案是要培养出一个完美的孩子。

那么，父母眼中的完美小孩到底是什么样的呢？

网红 papi 酱以孩子的口吻，用戏谑反讽式的方式给出栩栩如生的描述：

妈妈，这回统考的成绩下来了，我获得了全校第一，但距离全市第一还差 1.5 分。虽然这次考试我是带病上阵，但这无法成为我考砸的借口，我现在就去自罚抄写《出师表》100 遍！

妈妈，我不需要休息，我的心里只有学习，我不要看漫画，我不要看闲书，我不要追星，我不要听英语听力之外的东西。

妈妈，妈妈，这都早晨 6 点了，我们该起床吃早饭了。寒假？寒假又怎么了？即使是寒假期间，我依然要保持良好的生活作息。

妈妈，天黑了，我要去过夜生活了，8 点前就回来。去哪里过夜生活？当然是去图书馆啦！

妈妈，小姜约我出去玩，小姜是隔壁班的班长兼学习委员，您放心，我不和坏孩子一起玩的。

妈妈，我不玩手机，手机不仅有辐射，而且会让我的眼睛瞎掉。与其玩手机，不如帮您打扫卫生，那是我最喜欢的休闲娱乐活动。打扫卫生不仅可以帮您减轻负担，还可以让我强身健体。来吧，妈妈，我们把地再拖一遍吧。

理发师您好，请不要给我染发，也不用给我烫头，那样太不正经了。推销员您好，我不买化妆品，我妈妈说了，我不化妆最好看。谢谢，我不吃烧烤，我妈妈说了，烧烤里都是致癌物质。我喜欢吃蔬菜，我最喜欢的菜是青椒胡萝卜烩苦瓜。

妈妈，您很久没偷看我的日记了，您是不爱我了吗？我给您读一遍吧。

谈恋爱，哼！我上初中了，我不谈恋爱；我上高中了，我不谈恋爱；我上大学了，我不谈恋爱。昨天我大学毕业了，妈妈，这是我刚交的男朋友，他与我年龄相仿，本地户口，正经人家，国企工作，有车有房，无不良嗜好，您看看您还满意吗？如果满意的话，我们打算一个月内就结婚，一年之内就让您抱上外孙。再过一年，再生一个二胎，争取让您外孙外孙女一起抱！

……

这样的孩子是不是完全符合父母的心意？是不是足够完美？是不是完美得像机器人一样精准，分毫不差？

但这还是人吗？

如果把 papi 酱的感性语言翻成理性语言，其实就是五个字：听话懂事乖。

这五个字正是我们在书中特别指出过的永不消逝的咒语。父母们用这些咒语把孩子变成了他们想要的模样，但孩子却从此失去了自我。

与其把孩子培养成如此完美的机器人，远不如把孩子养育成一个正常人。

一个正常的孩子应该是什么样的呢？

儿童心理学家唐纳德·温尼科特（Donald. W. Winnicott）在《妈妈的心灵课——孩子、家庭和大千世界》中写道："正常的孩子是什么样的？是每天都笑眯眯的，乖乖吃饭，好好长大吗？不是。一个正常的孩子，只要他对父母足够信任，就会不遗余力地进行各种尝试。他会打断你的计划，会搞破坏，会吓唬你，让你筋疲力尽，会浪费，会耍赖，会乱扔东西。他以这些方式来检验自己的力量。人们经历的各种挑战、折磨，各种令人崩溃的经历，在童年乃至青春期同样会发生。在孩子与其家庭的关系中同样存在。如果我们的家庭能够经受住孩子的各种破坏式的考验，他最终会平静下来，安心玩耍。但在此之前，考试是不可避免的。"

好莱坞影片《天才少女》（*Gifted*）可以给我们很多启示。

7岁的小女孩玛丽继承了妈妈的基因，从小就展现出了极高的数学天赋，被顶级数学权威认定未来有望破解世界级的数学难题。但是围绕着如何培养玛丽却引发了一场家庭战争。

玛丽的妈妈黛安是一个数学天才，从小在极其严苛的数学家母亲伊芙琳的严厉管教下，埋头于数学，却不被允许交朋友、玩游戏而丧失了基本的社会生活能力。黛安遇人不淑，怀孕后被抛弃，生下玛丽后就自杀了。自杀之前，她把玛丽交托给了弟弟弗兰克，希望女儿能够过上一个和自己完全不一样的正常人生活。但是外祖母伊芙琳却想用培养黛安的相同方法来培养玛丽，希望她能够破解世界级数学难题。

事实上，黛安在生前已经解开了顶级数学难题之一的纳维斯托克斯方程

（Navier-Strokes Equations），却因为对母亲的极度愤怒秘而不宣。她给弟弟弗兰克留言要求等母亲死了之后再公开发表。这是她对母亲的最大报复。

绝大多数孩子不会像玛丽那样具备如此高的天赋。但即便是天才，也渴望拥有幸福的生活。如果只有职业上的成就，却感受不到生活的滋味，活着又有什么意义呢？

很多父母，都想让自家的孩子活成 papi 酱描述的模样。但那不是一个正常的孩子。

一个正常的孩子，应该是一个完整的孩子，不仅有成就，更要有生活。

一个正常的孩子，应该是一个真实的孩子，能够表里如一地表达喜怒哀乐各种情绪。

一个正常的孩子，应该是一个快乐的孩子，快乐不是没有烦恼，而是能够很快走出痛苦。

伊芙琳作为一个控制型父母，和两个孩子黛安、弗兰克的关系都很不好。黛安以自杀抗议，弗兰克主动放弃优渥的生活条件到乡下隐居，也是一种无声的抗议。

在影片中，经过胶着的斗争，玛丽终于获得了按照正常孩子生活的权利。在弗兰克的滋养下，她保住了完整、真实、快乐的自我，从而也有着充足的内驱动力去追逐她的数学梦想。

父母们，你们是不是能从中悟到什么？难道一定要像伊芙琳那样饱尝痛苦之后才后悔不已吗？

英国诗人黛安·伦曼斯（Diane Loomans）写过一首《如果我能再次养大我的孩子》（*If I had my child to raise over again*）：

如果我能再次养大我的孩子，

我会先蹲下，再温柔地诉说。

我会多将拇指竖起，少用食指指点。

我会拿出更多微笑给孩子。

如果我能再次养大我的孩子，

我会少用眼睛看分数，多用眼睛看优点。

我会注意少一点责备，而去多一点关心。

我会将板着的脸收藏，而成为孩子的玩伴，

跟着孩子一起跑到原野去看星星。

如果我能再次养大我的孩子，

我会早早地将他推出门，

尽管我很心疼。

我会多拥抱，少搀扶。

我不再追求对权力的爱，

我会效法爱的力量。

  生活只有结果，没有如果。任何一个人，都永远不可能拥有重新养大自己的孩子的机会。我们只能把握当下，我们再也不要做事后追悔莫及的父母了。

  滋养，就是你一辈子都不会后悔的养育方式。让我们就从现在开始吧！